Dienst am Wort

Die Reihe für Gottesdienst und Gemeindearbeit

125

Vandenhoeck & Ruprecht

Bachkantatengottesdienste

Amélie Gräfin zu Dohna /
Anke Holfter

Vandenhoeck & Ruprecht

Bibliografische Information der Deutschen Nationalbibliothek

Die Deutsche Nationalbibliothek verzeichnet diese Publikation in
der Deutschen Nationalbibliografie; detaillierte bibliografische Daten sind
im Internet über http://dnb.d-nb.de abrufbar.

ISBN 978-3-525-59534-3

Umschlagabbildung:
Spanische Trompeten in der Stephanuskirche Göttingen, Janke-Orgel
Foto: © Andrea Rode

Printed in Germany.
Satz: weckner media+print GmbH, Göttingen
Druck und Bindung: ⊕ Hubert & Co, Göttingen

Gedruckt auf alterungsbeständigem Papier.

Inhalt

B. Gottesdienstentwürfe und Predigten

Musik vom Himmel

Das Orchester stimmt die Instrumente.

Ich sitze in einem Gottesdienst, in dem gleich die Bachkantate „Weinen, Klagen, Sorgen, Zagen" aufgeführt wird. Seit Jahren war ich nicht mehr in der Kirche und frage mich, ob ich in der richtigen Veranstaltung bin.

Bachkantaten wecken vertraute Erinnerungen in mir: Radiomusik, die meine Eltern beim Sonntagsfrühstück gehört haben, Toastbrotduft, Geborgenheit.

Später, als mein Vater gestorben war, habe ich Bach wieder entdeckt. Vor allem die Kantate „Weinen, Klagen, Sorgen, Zagen".

Jetzt sitze ich mit dem Textblatt in der Kirchenbank und lese zum ersten Mal genauer, was da eigentlich gesungen wird. In der Bassarie heißt es: „Ich küsse Christi Schmach, ich will sein Kreuz umfassen." Ganz schön provokativ ...

Meine Gedanken werden unterbrochen: Das Orchester setzt ein, der Oboist spielt eine schmerzlich schöne Melodie – ich vergesse alle Grübeleien und tauche in den Klang ein.

Dann der Chor „Weinen, Klagen, Sorgen, Zagen"; dabei muss ich wie früher mit den Tränen kämpfen. Aber gleichzeitig gibt mir die Musik das Gefühl, in einem großen Ganzen aufgehoben zu sein.

„Wir müssen durch viel Trübsal in das Reich Gottes eingehen", singt die Altistin, danach eine Arie im Dialog mit der Oboe. Ich schließe die Augen und lasse mich von der Musik tragen.

Mit einer Gewissheit, die ich manchmal gerne hätte, beendet der Chor die Kantate: „Was Gott tut, das ist wohlgetan". Über allem eine Trompete.

Im Nachhall bleibt für einen Moment die Zeit stehen.
Dann steigt der Pastor auf die Kanzel. „Gnade sei mit Euch und Friede ..." beginnt er.

Davon, wie es jetzt weiter geht, hängt viel ab.
Davon, wie es weitergehen könnte, handelt dieses Buch.

Anke Holfter

Wenn wir in diesem Buch von Pastoren, Kirchenmusikern und Sängern reden, tun wir das der flüssigen Lesbarkeit wegen und meinen damit immer auch Pastorinnen, Kirchenmusikerinnen, Sängerinnen usw.

Sollen wir?

Sollen wir hohe musikalische Ansprüche an die Aufführung der Kantate im Gottesdienst stellen?

Und wie sollen wir dabei die Gemeinde beteiligen?

Sollen wir die einzelnen Sätze über den Gottesdienst verteilen, damit die Kantate nicht einen eigenen Block bildet, sondern besser integriert ist?

Oder sollen wir sie zusammenhängend musizieren, wie sie gedacht war, also höchstens zweigeteilt?

Soll ich über den Kantatentext predigen

oder – wie es ursprünglich gehandhabt wurde – über das Evangelium

oder soll die Kantate selbst die einzige Predigt, also Auslegung des Evangeliums in diesem Kantatengottesdienst sein?

Auf keine dieser Fragen können wir hier letztgültige Antworten geben. In der Vorbereitung eines Gottesdienstes mit Bachkantate sollten sie aber gestellt werden.

Die Beiträge dieses Buches bieten vielfältige Lösungen, auch unterschiedliche Begründungen, manchmal sogar für dieselben Lösungen. Alle haben ihre Berechtigung. Sie regen dazu an, eigene Wege für die Gottesdienstgestaltung mit Bachkantate zu beschreiten, je nach den örtlichen Gegebenheiten.

Dass Musik und Wort, wenn es gelingt, zur Seelenerhebung und zur Ehre Gottes erklingen, das lag Johann Sebastian Bach am Herzen. Er hat immer neu darum gebetet, indem er die Signaturen JJ – Jesus Juva (dazu helfe Jesus) an den Anfang und SDG – Soli Deo Gloria (Gott allein die Ehre) an den Schluss einer Komposition setzte.

Sie sind gute Vorzeichen auch für uns in der Vorbereitung eines Kantatengottesdienstes.

Amélie Gräfin zu Dohna

Die Welt, das Sündenhaus

Maarten 't Hart

In den sechziger Jahren fasste ich einen wichtigen Beschluss: Was auch immer in meinem Leben geschehen würde, ich wollte alle Kantaten Bachs gründlich kennenlernen. Das hatte höchste Priorität, das war meine dringlichste Pflicht, die Aufgabe aller Aufgaben. Meine dritte Kantate auf diesem jahrelangen Weg trug die Nummer 170. In der Auslage eines Schallpattengeschäfts sah ich eine verbilligte Archiv-Aufnahme. Ich hatte kein Geld bei mir, ging aber trotzdem in den Laden und fragte, ob ich ein Stück daraus anhören könne. In einer klaustrophobisch engen Kabine hörte ich aus den kleinen Lautsprechern, die an der Decke montiert waren, die Eingangstakte der Kantate „Vergnügte Ruh, beliebte Seelenlust" (BWV 170). Ich werde es nie vergessen. Als käme die Musik geradewegs vom Himmel herab. Bis ins Innerste aufgewühlt, trat ich aus der Kabine. Ich konnte kaum sprechen und murmelte, schwer schluckend: „Ich würde die Aufnahme schrecklich gern kaufen, aber ich habe leider kein Geld." Der Ladenbesitzer sah mich forschend an und sagte: „Nimm sie nur mit."

Bis auf den heutigen Tag ist diese Kantate für mich eine von Bachs allerschönsten Kompositionen. Sie wird von seiner Lieblingsstimme, dem Alt, gesungen. Das Werk besteht lediglich aus drei Arien und aus Rezitativen und enthält keine Chöre.

Für die Eingangsarie scheint das Wort „Ruh" der Ausgangspunkt zu sein. In der Tat geht eine wunderbare Ruhe von der Musik aus; es ist, als ob Bach uns durch seine Töne schon einen kleinen Vorgeschmack von der vergnügten Ruh und der beliebten Seelenlust im Himmel geben möchte.

In der zweiten Arie klagt und schluchzt der Alt über das irdische Leben. Nichts als Kummer und Qual scheint uns auf dieser Welt beschieden zu sein. Scharfe, spitze Orgelklänge begleiten die seufzende Singstimme.

In der dritten Arie erstaunt uns der Kontrast zwischen heiterer Musik und dem befremdlichen Text „Mir ekelt mehr zu leben". Bach moduliert in D-Dur munter zum Dominantseptakkord von A-Dur, wodurch die arme Sängerin mit einem Tritonussprung einsetzen muss. Ja, dass es einen dann ekelt, mehr zu leben, ist nicht so verwunderlich! Die geistvolle, unbekümmerte Musik passt aber sonst wenig zu dem ziemlich absurden Text, denn wenn es einem wirklich widerstrebt, noch länger zu leben, gibt es zahllose Möglichkeiten, ein Ende zu machen. Dieser naheliegende Gedanke kommt jedoch in der Gesangspartie nicht zur Sprache.

Überhaupt entwirft der Text der musikalisch hervorragenden Kantate ein bestürzendes Bild dieser Welt. Ein Sündenhaus soll sie sein, bevölkert von hass- und neiderfüllten Ungläubigen, die mit ihren Münden voller Otterngift Höllenlieder singen. Rache ist ihr einziges Ziel, der Satan ihr großer Führer.

So bizarr das Bild auch ist – es kommt mir doch sehr bekannt vor. Genauso hörte ich es in meiner Jugend von der Kanzel. In einer Hinsicht ging man sogar noch einen Schritt weiter. Nicht allein die Ungläubigen waren verdorben, auch die Kirchgänger selbst taugten nichts. Wir waren, wie der Heidelberger Katechismus grimmig mitteilt, „ganz und gar untüchtig zu irgend etwas Gutem und geneigt zu allem Bösem".

Aber, fragte ich mich oft, wenn ich ein so durch und durch verdorbener Sünder bin, was mache ich dann falsch? So sehr ich mich auch bemühte, ich konnte keine einzige Sünde entdecken. Ich hatte keine anderen Götter neben Gott; ich hatte einen gewaltigen Widerwillen gegen Zeichnen, so dass ich keine Bilder anfertigte, die Ähnlichkeit zeigten mit irgendetwas, das auf oder unter der Erde oder im Wasser ist; ich fluchte nie; am Sonntag ging ich zur Kirche und enthielt mich anderer Aktivitäten; ich ehrte meinen Vater und meine Mutter; dass ich einen Mord begehen könnte, war total undenkbar; ich war nicht verheiratet, so dass Ehebruch sowieso nicht zu meinen Möglichkeiten gehörte; ich stahl nie, ich log nie und ich begehrte auch anderer Leute Besitz nicht, weil weder wir selbst, noch jemand aus unserer Umgebung etwas besaß, auf das man neidisch hätte sein können. Was ich für mein Leben gern gehabt hätte, waren Bücher, aber niemand hatte welche – wie also hätte ich anderer Leute Bücher begehren sollen?

Und ich schien wahrhaftig nicht der Einzige zu sein, der ohne Sünden war, denn meine römisch-katholischen Freunde erzählten mir immer, wie schwer es ihnen fiel, Sünden für die Beichte zu erfinden.

Mir war damals schon klar und wird mit zunehmendem Alter immer klarer, dass es kompletter Unsinn ist, wenn der Mensch jeden Menschen als furchtbaren Sünder abstempelt. Natürlich, je mehr Sünden zu tilgen sind, desto größer ist das Verdienst von jemandem, der durch sein stellvertretendes Leiden alle Sünden der Welt wegnimmt. Aber das darf uns doch nicht dazu bringen, jeden schlecht zu machen und jedem vorzuwerfen, bis ins Mark verdorben zu sein. Dadurch verlieren wir unser Differenzierungsvermögen, dadurch sind wir nicht mehr in der Lage, zu unterscheiden zwischen echten und harmloseren Schurken und auch gutherzigen Leuten, die keiner Fliege etwas zu Leide tun. Wenn jeder so atemberaubend sündig ist, dass er eigentlich ins Gefängnis oder nach seinem Tod in die Hölle gehört, gibt es keinen Grund mehr, einige Menschen einzusperren und den Rest frei herumlaufen zu lassen.

Wir differenzieren aber doch – das können wir daraus schließen, dass im normalen gesellschaftlichen Umgang sehr wohl ein Unterschied gemacht wird zwischen Bösen und Guten, Gerechten und Ungerechten. Genauso geschieht das übrigens in der Bibel, denn da ist oft die Auffassung zu finden, dass es auch viele Gerechte gibt – die Gerechten, von denen Jesus zu Recht sagt, dass er nicht gekommen ist, um sie zu rufen (Matthäus 9, Vers 13).

Gerade, wenn wir mit dem Begriff Sünde sparsam sind, wenn wir ihn exklusiv halten, wenn wir ihn nur bei himmelschreiender Bosheit in den Mund nehmen, dann können wir dankbar von ihm Gebrauch machen. In allen anderen Fällen lassen wir uns zu Schulden kommen, den Terminus Sünde inflationär zu gebrauchen. Ist jeder schlecht, dann ist niemand schlecht. Ist jeder unfähig zu irgend etwas Gutem, dann können wir wirklich einpacken.

Welche eigenartigen Folgen die streng calvinistische Auffassung, jeder sei unfähig zum Guten, haben kann, wurde mir erst richtig klar, als ich meiner Mutter einmal erzählte, Karl Barth habe gesagt, die Engel würden im Himmel untereinander Mozart und für Gott Bach spielen.

„Scheußlich", sagte meine Mutter, „wie kann Barth das sagen? Die Musik von Bach und Mozart ist mit Sünde befleckt, durch Sünde gezeichnet, von Sünde durchdrungen, es kann keine Rede davon sein, dass solche durch und durch sündige Musik jemals im Himmel gespielt werden könnte."

„Dann", antwortete ich meiner Mutter, „will ich da nicht hin, denn wenn im Himmel sogar für die Musik von Bach und Mozart kein Platz ist, kann es einfach nicht angenehm sein, sich dort aufzuhalten."

„Sag doch nicht immer solche schrecklich sündhaften Sachen", sagte meine Mutter, „der Herr wird dich dafür strafen."

Mag sein, aber ich gehe trotzdem davon aus, dass im Himmel Bach und Mozart gespielt werden, und Schubert und Beethoven und Haydn hoffentlich auch, ja sogar Prokofiev und Strawinsky. Doch was ich noch am meisten hoffe, ist, dass im Himmel auch all die Werke von Bach zu hören sein werden, die leider, leider hier auf Erden verloren gegangen sind.

Aus dem Niederländischen von Anke Holfter

Den ersten Absatz ab dem zweiten Satz hat Maarten 't Hart schon einmal so formuliert in: Bach und ich, übersetzt von Maria Csollány, München 2002, S.113 und S. 115. Im dritten Satz ist zugefügt „auf diesem jahrelangen Weg". Siehe auch Literaturverzeichnis.

BWV 170 Vergnügte Ruh, beliebte Seelenlust

1. Arie Alt
Vergnügte Ruh, beliebte Seelenlust,
Dich kann man nicht bei Höllensünden,
Wohl aber Himmelseintracht finden;
Du stärkst allein die schwache Brust.
Drum sollen lauter Tugendgaben
In meinem Herzen Wohnung haben.

2. Rezitativ Alt
Die Welt, das Sündenhaus,
Bricht nur in Höllenlieder aus
Und sucht durch Hass und Neid
Des Satans Bild an sich zu tragen.
Ihr Mund ist voller Ottergift,
Der oft die Unschuld tödlich trifft,
Und will allein von Rache sagen.
Gerechter Gott, wie weit
Ist doch der Mensch von dir entfernet;
Du liebst, jedoch sein Mund
Macht Fluch und Feindschaft kund
Und will den Nächsten nur mit Füßen treten.
Ach! diese Schuld ist schwerlich zu verbeten.

3. Arie Alt

Wie jammern mich doch die verkehrten Herzen,
Die dir, mein Gott, so sehr zuwider sein;
Ich zittre recht und fühle tausend Schmerzen,
Wenn sie sich nur an Rach und Hass erfreun.
Gerechter Gott, was magst du doch gedenken,
Wenn sie allein mit rechten Satansränken
Dein scharfes Strafgebot so frech verlacht.
Ach! ohne Zweifel hast du so gedacht:
Wie jammern mich doch die verkehrten Herzen!

4. Rezitativ Alt

Wer sollte sich demnach
Wohl hier zu leben wünschen,
Wenn man nur Hass und Ungemach
Vor seine Liebe sieht?
Doch, weil ich auch den Feind
Wie meinen besten Freund
Nach Gottes Vorschrift lieben soll,
So flieht
Mein Herze Zorn und Groll
Und wünscht allein bei Gott zu leben,
Der selbst die Liebe heißt.
Ach, eintrachtvoller Geist,
Wenn wird er dir doch nur sein Himmelszion geben?

5. Arie Alt

Mir ekelt mehr zu leben,
Drum nimm mich, Jesu, hin!
Mir graut vor allen Sünden,
Lass mich dies Wohnhaus finden,
Wo selbst ich ruhig bin.

Bachs Endzweck
Seine Kantaten im Gottesdienst seiner Zeit – und heute

Ulrich Meyer

Am 25. Juni 1708 schrieb der 23-jährige Organist J.S.Bach im Entlassungsgesuch an den Rat der Stadt Mühlhausen, er habe dort seinen „Endzweck, nemlich eine *regulirte* kirchen *music* zu Gottes Ehren", nicht erreichen können; er hoffe aber auf die „Erhaltung meines endzweckes wegen der wohl-zufaßenden kirchen*music*" in seiner nächsten Position in Weimar. Die zweifache Erwähnung des „Endzwecks" deutet auf das Gewicht hin, das dieser für Bach hatte. Dass er mit der *„regulirten* kirchen*music*" die regelmäßige Aufführung von Kantaten im Gottesdienst meinte, dies ist in der For-schung unbezweifelt.

In Weimar hatte der Hoforganist und Kammermusiker Bach an solchen Aufführungen jahrelang mitzuwirken; aber erst ab 1714 konnte er, nunmehr Konzertmeister, in vier-wöchentlichem Turnus eigene Kompositionen im Hofgot-tesdienst aufführen. Stellten die Jahre 1717 bis 1723, in denen Bach als Kapellmeister am reformierten Hof in Köthen wirkte, ihm andere Aufgaben, so kehrte er danach zur „Er-haltung seines endzweckes" zurück: 27 Jahre Thomaskanto-rat in Leipzig forderten Sonntag für Sonntag Kantatenmusik in jeweils einer der beiden Hauptkirchen; in Festzeiten er-höhte sich die Forderung bis hin zu täglicher Abfolge von Aufführungen.

Bach schuf dafür ein Repertoire von fünf Jahrgängen, in das er Weimarer Kompositionen integrierte, aber auch Köthener Werke aufnahm, deren weltliche Texte er „parodieren", also geistlich neu fassen ließ. Er griff auf dies Repertoire immer wieder zurück – doch nicht ausschließlich. Im Jahr 1726 etwa führte er eine Reihe von Kantaten seines Meininger Vetters Johann Ludwig Bach auf; und neueste Forschung macht wahrscheinlich, dass Bach 1735/1736 einen vollständigen Jahrgang seines Kollegen Gottfried Heinrich Stölzel aus Gotha aufführte. Auch für diese Kantaten ließ er, wie für seine eigenen Werke, Textdrucke herstellen.

Ein solcher Sachverhalt lässt erneut fragen: Was genau hatte der junge Bach vor Augen, als er von „einer *regulirten* kirchen *music* zu Gottes Ehren" sprach – und inwiefern erreichte er diesen seinen „Endzweck" als Thomaskantor? Die Antwort sei an seinem Leipziger Dienst abgelesen:

– Es ging um *gottesdienstliche* Musik, nur um diese. Abendmusiken oder Kirchenkonzerte mit geistlicher Vokalmusik fanden in den Leipziger Hauptkirchen nicht statt. Das Weihnachts-Oratorium hätte Bach nie als Ganzes aufführen können – so disponierte er es in sechs Teilen für die Gottesdienste an verschiedenen Tagen. Allein der Karfreitagnachmittag bot Raum für ein Großwerk – im Rahmen des Vespergottesdienstes mit Liedern, Gebeten und Predigt.

– Die Sonn- und Festtagsgottesdienste waren in der Folge des Kirchenjahres *regelmäßig* und lückenlos mit Kantatenmusik zu versehen. Nur vom zweiten bis zum vierten Advent und in der Fastenzeit, also vom Sonntag Invocavit an, war „tempus clausum", stille Zeit ohne Figuralmusik.

– Die Kantaten waren orientiert am *Proprium* – in der Regel am *Evangelium,* im Ausnahmefall wie zum Michaelistag auch an der Epistel. Vielleicht ist dies das wichtigste Kennzeichen dieser Kantatenkunst! Jeder Sonntag, jeder Festtag hatte ja durch das „alte" Evangelium, welches die Reformatoren nicht geändert hatten, seine jeweilige Prägung. Die Librettisten kannten diese Ordnung; so konnte Bach nach den Jahrgängen seines Weimarer Kollegen Salomo Franck greifen, aber auch nach dem Doppeljahrgang, den Georg Christian Lehms 1711 in Darmstadt veröffentlicht hatte. Bedeutungsvoller als solch äußerer Vorteil war das innere Gewicht der Propriumsbindung: Der Textdichter, die Textdichterin hatten eine thematische Vorgabe, der sie – gewiss variativ – gerecht werden mussten. Dieselbe Vorgabe aber war auch dem Prediger gestellt; denn Jahr für Jahr wurde das „alte" Evangelium im Hauptgottesdienst ausgelegt. Die Verankerung der Kantate im Ganzen des Gottesdienstes war evident, ebenso ihr Stellenwert: Sie hatte eine erste Auslegung des Evangeliums mit den Mitteln der Musik zu geben, die Predigt hernach eine zweite mit den Mitteln der Wortverkündigung.

– Dies sei noch genauer dargestellt. Der liturgisch reiche Leipziger Gottesdienst erreichte mit dem im Lektionston rezitierten Evangelium seinen ersten inhaltlichen Schwerpunkt. Diesem folgte die lateinisch gesungene Intonation „Credo in unum Deum" – und nun erklang die Kantate. Danach sang die Gemeinde Luthers Lied „Wir glauben all an einen Gott"; der Kanzeldienst des Predigers schloss sich an.

Was hatte es mit der Credo-Intonation auf sich? In der jeweils anderen Hauptkirche, die ohne Kantatenmusik war, folgte auf die Intonation das vom Chor einstimmig gesungene „Patrem omnipotentem …", also die lateinische Fassung des Nicänischen Glaubensbekenntnisses, nach der die Gemeinde „additiv" Luthers deutsches Glaubenslied sang. Erscheint uns dies als erstaunlich, so ist noch erstaunlicher, dass die Credo-Intonation auch der Kantate vorausging, dass diese also als deutsches Propriumsstück ein lateinisches Ordinariumsstück ersetzte! Die Kantate, unter ein *„Credo"-Vorzeichen* gestellt und gefolgt vom Glaubenslied: Dies ergänzte und vertiefte den Evangelienbezug um eine weitere Dimension.

– Schließlich ist bekannt, dass Bach auch „sub communione", also zum *Abendmahl,* Kantatenteile musizierte. Da aber auch diese Teile Evangeliumsbezug hatten, kam eine dritte Dimension hinzu: die des Sakraments. Wenn ein solcher zweiter Kantatenteil begann, „Willkommen, werter Schatz!

... Zieh bei mir ein!" (BWV 36/5), dann konnte dies ebenso vom Evangelium des ersten Advents her wie auf den Abendmahlsempfang hin verstanden werden.

Aus alldem sollen im Folgenden einige Überlegungen im Blick auf Bachs Kantaten im Gottesdienst heute abgeleitet werden. Dies scheint möglich und notwendig gerade angesichts veränderter Rahmenbedingungen gegenüber der Bachzeit.

Deutlicher wohl als die Hörergemeinde in jener Zeit nehmen heutige Hörer die Bachkantate als *Kunstwerk* wahr. Dem sollte Rechnung getragen werden – nicht nur durch bestmögliche Wiedergabe, sondern auch durch *Hinführung* in unterschiedlichen Formen. Neben mündlichen Angeboten mit Musikbeispielen kann eine schriftliche Ankündigung, sachkundig verfasst, hilfreich sein.

Ein gut gestaltetes *Textblatt* ist, wie zu Bachs Zeit, unabdingbar. Auch dieses kann mit kurzen hinführenden Angaben versehen werden, die vom Evangelium zum Text und von diesem zur Musik fortschreiten – ein solcher Dreischritt hat sich bewährt. Auch manch sprachlich Schwieriges kann hier Erklärung finden.

Die Kantate sollte als Kunstwerk ihren *Raum* im Gottesdienst haben: Sie sollte nach Möglichkeit unaufgeteilt musiziert werden. Dann ist ihr Ort der historisch vorgegebene, sachlich überzeugende: nach dem Evangelium, auf dieses mit ihrem Reichtum antwortend. Muss aufgeteilt werden, dann sollte das so „schonend" wie möglich geschehen, etwa, indem nach Bachs Vorbild ein zweiter Teil sub communione erklingt.

Entscheidend ist, dass der *Bezug zum Proprium* sichtbar und hörbar bleibt. Es gibt einige Werke, die Bach selber als „für jede Zeit" geeignet bezeichnet hat, dazu eine Reihe von Choralkantaten, die den Jahrgängen nicht zugeordnet sind. Aber für die überwiegende Zahl der Kantaten gilt: Sie sind *Musik zum Evangelium eines bestimmten Sonn- oder Festtags.* Wo irgend möglich, sollte dieser Bezug erkennbar werden. Denn er ist wohl die wichtigste Verstehenshilfe für diese

Kunstwerke, wie vielfältige Erfahrung zeigt. Was oben „Verankerung und Stellenwert der Kantate im Ganzen des Gottesdienstes" genannt wurde, das ist auch heute evident, wenn sie als Antwort auf das evangelische Wort hörbar gemacht wird.

Ist dies die Aufgabe der *Predigt?* Hat sie gleichsam nachzubereiten, was doch schon vorher Ereignis geworden sein sollte? Eine schwierige Frage! Am fruchtbarsten scheint zu sein, dass die Predigerin, der Prediger aus dem Kantatentext oder der Musik aufgreift, was ihr, was ihm aufleuchtete, und dies in die Auslegung des Evangeliums einbezieht. Das Kunstwerk sollte jedenfalls in der Predigt nicht nachträglich analysiert werden.

Wohl aber könnte der Auslegung dienlich sein die Dimension, in welche die Kantate zur Bachzeit durch das „Credo"-Vorzeichen und das ihr folgende Glaubenslied gestellt war. Die evangelischen Geschichten, dieser Anregung folgend, als *Glaubensgeschichten* zu interpretieren: Das würde wohl jener Dimension gerecht werden.

Folgt ein zweiter Kantatenteil sub communione, dann hat die Predigt die Chance, zurückhaltend auf diese ja noch bevorstehende Musik einzugehen. In dieser weiteren Dimension erweist die Kantatenkunst häufig ihre *seelsorgerliche Qualität* mit stilleren Klängen zu Texten wie „Jesus macht mich geistlich reich" (BWV 75/10); „Ich fühle schon im Geist, / Wie Christus mir / Der Liebe Süßigkeit erweist" (BWV 76/11); „Was kann dich denn in deinem Wandel schrecken, / Wenn dir, mein Herz! Gott selbst die Hände reicht?" (BWV 88/6) – um nur Weniges von Vielem zu nennen. Vielleicht genügt es, in der Predigt solche Texte vorweg zu zitieren und auf Bachs Art und Weise aufmerksam zu machen, in der er sie musikalisiert.

Ein Text, der – von Bach als Alt-Rezitativ mit Generalbass vertont – *alle* genannten Dimensionen mit der weiteren eines eschatologischen Ausblicks verbindet, sei gegen Schluss dieser Überlegungen angeführt: „Nun mag die Welt mit ihrer Lust vergehen; / Bricht gleich der Mangel ein, / Doch kann die Seele freudig sein. / Wird durch dies Jammertal der

Gang / Zu schwer, zu lang, / In Jesu Wort liegt Heil und Segen. / Es ist ihres Fußes Leuchte und ein Licht auf ihren Wegen. / Wer gläubig durch die Wüste reist, / Wird durch dies Wort getränkt, gespeist; / Der Heiland öffnet selbst, nach diesem Worte, / Ihm einst des Paradieses Pforte, / Und nach vollbrachtem Lauf / Setzt er den Gläubigen die Krone auf" (BWV 186/9). Was könnte, zur Austeilung des Abendmahls musiziert und gehört, tröstlicher sein als dies?

Im Jahr 1733 hatte Bach eine wertvolle Bibelausgabe erworben: die Calov-Bibel, eine Ausgabe mit vielerlei Erklärungen. Diese 1969 in den USA wieder aufgefundene Bibel zeigt, dass der Thomaskantor im letzten Lebensjahrzehnt darin gelesen, ihm Wichtiges unterstrichen und einige Randnotizen vorgenommen hat, die sein Metier betrafen. Neben 2. Chronik 5,13 schrieb er einen Satz, der wie eine erfahrungsgesättigte Entsprechung zu jenem frühen Satz über seinen „Endzweck, nemlich eine *regulirte* kirchen *music* zu Gottes Ehren" wirkt:

NB. Bey einer andächtigen *Musique* ist allezeit Gott mit seiner Gnadengegenwart.

Möge dies Wort für alle Ermutigung sein, die sich um Bachs Kantaten im Gottesdienst bemühen!

Gottesdienstgestaltung

Anke Holfter

An einer Bachkantate kommt niemand vorbei.

Wer einen Kantatengottesdienst vorbereitet, muss sich diese starke Wirkung der Musik klarmachen. Der Kirchenmusiker hat durch seinen Beruf und die Probenarbeit zwangsläufig eine Vorstellung davon. Der Pastor kann eine CD hören, eine Chor-Orchester-Probe besuchen oder sogar selbst mitsingen. Dann können beide gemeinsam bedenken, wie die anderen Teile des Gottesdienstes im Kontext der Kantate wirken.

Die Konsequenzen für die Liturgie können unterschiedlich und vielfältig sein. Es kommt nur darauf an, dass man sie bewusst zieht.

Hier finden sich Überlegungen, die möglichst viele Elemente des Gottesdienstes auf die Kantate beziehen, ergänzt durch Beispiele. Damit soll veranschaulicht werden, welche reichhaltigen Anregungen für die Gottesdienstgestaltung die Kantate selbst bietet und wie stimmig die Aufführung einer Kantate werden kann, wenn sie in eine Folge passender Lesungen, Psalmen und Choräle eingebettet ist. Bachs Zeitgenossen stellten Assoziationen zu Bibel- und Choralversen schneller her als heutige Gottesdienstbesucher – sie benutzten die Bibel als Schulbuch. In unserer Zeit müssen wir den Zuhörern das Erkennen und Verstehen der Textbeziehungen erst wieder eröffnen.

EINGANGSMUSIK

Die Anwesenheit des Orchesters kann für ein Instrumentalvorspiel genutzt werden; man kann auch quasi als Paukenschlag gleich mit dem Eingangschor beginnen, falls die Kantate in mehreren Abschnitten über den Gottesdienst verteilt wird. Wer mit Bach auf der Orgel präludieren möchte, sollte vorher über die Dauer der Musik nachdenken – ein Kontrast durch einen anderen Komponisten kann auch reizvoll sein.

BEGRÜSSUNG

Eine mehr als rein liturgische Begrüßung ist nötig wegen der vielen Besucher, die selten zum Gottesdienst kommen. Gut für den Spannungsverlauf ist es, wenn die Begrüßung auf die Kantate bezogen wird, ohne lang oder belehrend zu werden. Womöglich lässt sich darin eine Frage aufwerfen oder ein Widerspruch in den Raum stellen und so eine Erwartungshaltung auf die Musik und die Predigt hin erzeugen.

EINGANGSPSALM/PSALMGEBET

Psalmverse oder -anklänge finden sich in vielen Kantaten. Man kann die Gemeinde, die in Kantatengottesdiensten länger zuhören muss als sonst, im Wechsel oder insgesamt den Psalm sprechen lassen – wo es sich anbietet, den, der in der Kantate anklingt.

Beispiele:

– *BWV 150 „Nach dir, Herr, verlanget mich" vertont vier Verse des 25. Psalms; die Gemeinde kann alle 22 Verse sprechen.*

– *Von Psalm 25 ist gleich der erste Vers vertont. In anderen Kantaten sind die Zitate aber versteckter, weil nicht immer der Anfang zitiert wird und weil zu Bachs Zeit die Worte der alten Lutherübersetzung benutzt wurden, während wir heute, wenn überhaupt, die revidierte Übersetzung im Ohr haben:*

So lesen wir in Psalm 94, 19, „Ich hatte viel Kummer in meinem Herzen, aber deine Tröstungen erquickten meine Seele" – bei Bach heißt das im Eingangschor der Kantate 21: „Ich hatte viel Bekümmernis, aber deine Tröstungen erquicken meine Seele".

EINGANGSLITURGIE – GEBETE – GLAUBENSBEKENNTNIS

Die Eingangsliturgie kann den sonntäglichen Gewohnheiten der Gemeinde entsprechen. Es tut der Kerngemeinde gut, wenn nicht alles verändert wird. Man kann neuere Formen einbeziehen, wenn sie thematisch passen, sollte allerdings undurchdachte Stilbrüche vermeiden.

Da die in Kantatengottesdiensten anwesende Gemeinde meist musikalisch ist und vom Chor unterstützt wird, kann sie schwierige liturgische Stücke singen – *zum Beispiel als Gloria „Gloria sei dir gesungen" aus Bachs Kantate „Wachet auf" (Evangelisches Gesangbuch, 535).*

Die Gebete können das Thema der Kantate aufnehmen. In ihnen kann auch die seelsorgerliche Dimension, die viele Kantaten haben – zum Beispiel Trost in Trauer – gut ausgedrückt werden.

Das Glaubensbekenntnis kann gegebenenfalls gesungen werden. Ein gesprochenes Credo ist aber auch eine gute Möglichkeit, die Gemeinde auf die Kantate antworten zu lassen. Da man meistens versucht, nicht Musik an Musik zu reihen, sondern Musik und Text abzuwechseln, ist das besser, als nach dem Schlusschor gleich ein Gemeindelied anzuschließen.

BIBLISCHE LESUNGEN

Es ist sinnvoll, die Texte – besonders das Evangelium – zu lesen, die zum Kantatensonntag ursprünglich gehören. Selbst wenn man sich anders entscheidet, sollte man die bei Bach vorgesehenen Lesungen kennen. Sie können in Alfred Dürrs Kantatenbuch nachgeschlagen werden (siehe Literaturverzeichnis). Auch wenn eine

Kantate am bestimmungsgemäßen Tag erklingt, empfiehlt es sich nachzuschlagen, weil bei der Revision der
Perikopenordnung von 1978 manche Texte geändert
wurden oder Feste im Kirchenjahr anders begangen
werden als zu Bachs Zeiten.

Hierzu ein Beispiel einer besonders berühmten Kantate:
- *„Fallt mit Danken, fallt mit Loben", die vierte Kan-*
  tate des Weihnachtsoratoriums (BWV 248, IV), ist von
  Bach für den Neujahrstag komponiert worden, an
  dem auch das Fest der Beschneidung Christi gefeiert
  wird. Die ganze Kantate bezieht sich auf Lukas 2,21,
  die Beschneidung und Namensgebung Christi.

  Schlägt man heute im Perikopenbuch unter Neujahr
  nach, findet man jedoch als Evangelium Jesu Predigt
  in Nazareth (Lukas 4), während der zur Kantate
  passende Text Lukas 2 jetzt bei den unbeweglichen
  Festen des Kirchenjahres unter 1. Januar, „Fest der
  Beschneidung und Namensgebung", steht.

Hinsichtlich der Anzahl von Lesungen und anderer
Gottesdienstteile muss immer im Blick behalten werden,
dass der durch die Kantate erweiterte Gottesdienst
nicht zu lang werden darf. Schließlich sind wir nicht
mehr an drei- bis vierstündige Gottesdienste gewöhnt
wie Bachs Zeitgenossen.

Choräle

Die Gemeinde kann Choräle, die in der Kantate nur
unvollständig oder als instrumentales Zitat zu hören
sind, ganz singen.

Hier zwei Beispiele:
- *In „Jauchzet, frohlocket", der ersten Kantate des Weih-*
  nachtsoratoriums (BWV 248, I), kommen drei Choräle
  vor: „Wie soll ich dich empfangen" (Strophe 1 des gleich-
  namigen Adventschorals in der Melodie des Passions-
  lieds „O Haupt voll Blut und Wunden"), „Er ist auf
  Erden kommen arm" („Gelobet seist du, Jesu Christ",

Strophe 6) als Sopranchoral mit Bassrezitativ und „Ach mein herzliebes Jesulein" („Vom Himmel hoch, da komm ich her", 13. Strophe) als Schlusschoral mit festlichen Zwischenspielen.

Von allen Chorälen kann die Gemeinde gut weitere Strophen singen, vor allem da, wo die erste Strophe nicht in der Kantate vertont ist. Falls die Predigt die Melodie von „Wie soll ich dich empfangen" als Hinweis auf das Kreuz deutet, kann sogar die erste Strophe von „O Haupt voll Blut und Wunden" gesungen werden oder das Adventslied nach der Melodie des Passionsliedes.

— *In „Weinen, Klagen, Sorgen, Zagen" (BWV 12), einer Kantate für Jubilate, spielt die Trompete in der sechsten Arie über dem Solotenor leicht verziert den Choral „Jesu, meine Freude", der sonst nicht vorkommt. Dieses Choralzitat verlangt geradezu danach, die Gemeinde „Jesu, meine Freude" singen zu lassen.*

Wie schon bei den liturgischen Gesängen kann man die Anwesenheit der besonders musikinteressierten Gemeinde dazu nutzen, anspruchsvolle Melodien und vierstimmige Choralsätze aus dem Gesangbuch zu singen. Besonders festlich ist es, wenn das Kantatenorchester Choräle begleitet. Aber auch mehrstimmiges a-cappella-Singen einiger Strophen, vom Chor unterstützt, ist eine schöne Erfahrung für die Gemeinde.

Manchmal stellt sich die Frage, ob die Gottesdienstbesucher den Schlusschoral der Kantate mitsingen sollen. Ob sie das zu Bachs Zeit getan haben, ist umstritten. Leider ist in vielen Fällen der Choral zu hoch und zu schwierig gesetzt, aber manchmal kann die Beteiligung der Gemeinde hier ein eindrucksvolles Erlebnis sein. Das gemeinsame Singen muss ja nicht der letzte Ton der Bachkantate im Gottesdienst sein; nach dem Segen erklingt oft noch ein Kantatensatz.

PREDIGT

Der entscheidende Prüfstein für einen gelungenen Kantatengottesdienst ist die Verzahnung – gegebenenfalls auch der Kontrast – von Kantate und Predigt, ihr Ort, ihre Dauer und vor allem ihr inhaltliches Gewicht. Diesem Thema ist das nächste Kapitel gewidmet.

Falls die Predigt sich zu einem Satz der Kantate vertieft äußert, kann man über dessen Wiederholung während der Predigt nachdenken.

ABENDMAHL

Bei sehr langen zweigeteilten Kantaten kann man – wie zur Zeit Bachs üblich – den zweiten Teil zur Abendmahlsausteilung musizieren. Dabei sind allerdings einige praktische Fragen zu bedenken (s.u. „Tipps von A–Z").

Für eine Musik zur Austeilung spricht, dass dann längere Kantaten aufgeführt werden können und dass das Abendmahl in einigen Kantaten ausdrücklich thematisiert wird. Dagegen spricht, dass wir – anders als Bachs Zeitgenossen – täglich von Hintergrundmusik überflutet werden und mit einem Kantatengottesdienst zu einer Kultur des Hinhörens beitragen können.

Sendungsteil des Gottesdienstes

Für die Fürbitten gilt das, was oben zum Thema Gebet steht.

Nach dem Segen kann zum festlichen Abschluss der Kantateneingangschor oder der Schlusschoral wiederholt werden. Wenn man das tut, gibt es meistens Applaus. Daher muss man bei der Vorbereitung überlegen, ob man dies möchte, oder ob man – vielleicht auf dem Gottesdienstzettel – darum bittet, nicht zu klatschen. Stattdessen können zum Beispiel die Glocken geläutet werden oder die Gemeinde kann sich schweigend erheben. Für eine solche Lösung spricht, dass es manche Gottesdienstteilnehmer aus inhaltlichen Gründen stört, wenn in der Kirche applaudiert wird, während andere aus musikalischen Gründen nicht in den Nachklang der Kantate hinein klatschen möchten.

Das Ziel sind Bachkantatengottesdienste, in denen alle, egal, ob sie musizieren, zuhören oder predigen, das Gefühl haben, gemeinsam zu feiern. Dann braucht sich keiner beim anderen zu bedanken, sondern die Musik mit ihrer Botschaft kann unmittelbar in den Ohren und Herzen aller Beteiligten nachklingen.

Die Predigt

Amélie Gräfin zu Dohna

1. Predigt überhaupt?

Predigt im Kantatengottesdienst – ist das nötig? Musik und Text der Kantate predigen bereits auf ihre Art. Allerdings sind die Kantaten ursprünglich für den Gottesdienst mit Predigt komponiert. Damals war das inhaltlich vermutlich wenig aufeinander abgestimmt. Predigt und Kantatentext waren jedoch beide auf das Sonntagsevangelium bezogen. Sie stellen verschiedene Formen der Verkündigung dar. Im Kantatengottesdienst können musiziertes und gesprochenes Wort sich ergänzen und anregen, sich gegenseitig und vor allem das Evangelium zum Leuchten bringen. Insofern hat die Predigt im Kantatengottesdienst ihre eigene Berechtigung, sollte allerdings auf die besonderen Rahmenbedingungen abgestimmt sein.

2. Rahmenbedingungen der Predigt im Kantatengottesdienst

Das Musizieren nimmt im Kantatengottesdienst auch im ganz wörtlichen Sinn viel Raum ein. Der Kirchraum wird mit Orchester und Chor anders genutzt und ausgefüllt als sonst. Das zieht schon optisch Aufmerksamkeit auf sich. Hinzu kommt die Spannung der Musiker, die sich im Raum ausbreitet. Die Musik selbst entfaltet ästhetische und emotionale Wirkung im Gottesdienst. All dessen müssen sich Liturg und Prediger bewusst sein. Der Kantatengottesdienst stellt höhere Ansprüche an ihre Musikalität und an ihre Einfühlung in die Stimmungslage, die die Musik mit sich bringt.

Wenn das Musikerlebnis eindrücklich war, muss der Prediger mit absinkendem Interesse der Hörer nach der Kantate rechnen. Der Gottesdienst ist dann bereits als feierlich erlebt worden, so dass die Aufmerksamkeit auf die weiteren Elemente möglicherweise weniger intensiv ist. Aber es besteht auch die Chance, eine intensive Stimmung in der Predigt aufzunehmen und zu halten, die geistliche Dimension der Musik bewusst zu vertiefen. Dazu ist es nötig, sich in der Vorbereitung mit der Musik und der zu erwartenden Gemeinde auseinanderzusetzen.

Zum Kantatengottesdienst kommen außer den regelmäßigen Teilnehmern auch Musikinteressierte, die sonst den Gottesdienst eher selten besuchen – Chorsänger, Orchestermusiker und Solisten eingeschlossen. Manche bringen Vorbehalte gegen das übliche Gottesdienstgeschehen mit. Die meisten sind nicht ablehnend, sondern haben eher den Eindruck, dass der normale Sonntagsgottesdienst ihnen persönlich nicht viel bringt. Musik und geistliche Konzerte erleben sie als ihre eigentliche Gottesdienstform. Hier machen sie ästhetische, emotionale, geistliche Erfahrungen, erleben eine tiefere Dimension von sich selbst und der Gemeinschaft, von Raum und Zeit.

Bachkantaten sprechen einen bestimmten Musikgeschmack an. Nicht alle Gemeindeglieder kommen dabei zu ihrem Recht. Darüber muss man sich in der Gemeinde grundsätzlich Gedanken machen, nicht zuletzt, weil die Finanzierung verantwortet werden muss, möglicherweise in Konkurrenz zu anderen musikalischen Projekten. Kantatengottesdienste ziehen eher ein bildungsinteressiertes Milieu an. Das sollte der Prediger sich bewusst machen, auch wenn er sich entscheidet, darauf nicht einzugehen. Eine musikwissenschaftliche Einführung in die Kantate ist nicht Aufgabe der Predigt, auch nicht des Gottesdienstes überhaupt. Dies kann vorher in einer Vortragsveranstaltung geschehen.

Durch die geistliche Musik und ihre Texte sind die Gottesdienstbesucher thematisch sensibilisiert. Darauf lässt sich aufbauen. Manche Kantatentexte provozieren Widerspruch oder werfen zumindest Fragen auf. Damit umzugehen ist eine dankbare Aufgabe für den Prediger. Verknüpfungen mit anderen Texten des Gottesdienstes können hergestellt werden. So trägt die Predigt dazu bei, den Gottesdienst als eine Sinneinheit aus musikalischer und sprachlicher Verkündigung erlebbar zu machen.

In der Predigtvorbereitung für einen Kantatengottesdienst gibt es ein paar grundsätzliche Fragen zu klären, möglichst im Gespräch zwischen Pfarrer und Kantor.

3. Der Ort der Predigt im Kantatengottesdienst

a) Predigt nach der Kantate

In der Bachzeit stand die Kantate im Ablauf des Gottesdienstes zwischen Evangeliumslesung und Predigt. Es bietet sich an, das zu übernehmen. Der Prediger muss allerdings mit einem Spannungsabfall rechnen, nachdem die Kantate beendet ist.

b) Predigt zwischen den Kantatenteilen

Manche Kantaten sind deutlich zweigeteilt, um vor und nach der Predigt aufgeführt werden zu können. Zu Bachs Zeiten wurde der zweite Teil während der Austeilung des Abendmahls, sub communione, musiziert. Steht die Predigt in der Kantatenmitte, profitiert sie von der Atmosphäre, die durch die Kantate vorgegeben ist. Die Predigt kann Gedanken der Kantate aufnehmen und das weitere Hören auf die Musik und den Text schärfen.

c) Zweigeteilte Predigt

Bei manchen – besonders bei kurzen – Kantaten bietet es sich an, mit der Predigt einen Rahmen zu bilden. Das hat den Vorteil, dass man am Anfang mit der Predigt zur Kantate hinführen kann. Dadurch hört die Gemeinde genauer und gezielter zu. Der zweite Teil der Predigt nach der Kantate ist kurz, hält die Spannung und führt sie zu Ende. Die Predigt wirkt dann nicht wie ein Block und ist eng mit der Kantate verbunden. So steht die Musik im Zentrum des Gottesdienstes. Der Gottesdienstverlauf ist ausgewogen.

d) Kantate und Predigt aufgeteilt

Eine Kantate kann mit ihren einzelnen Sätzen über den ganzen Gottesdienst verteilt werden.

Dann kann der Ablauf eines normalen Predigtgottesdienstes beibehalten werden, wobei Kantatenteile zum Beginn und Schluss, als Zwischenspiel, statt Gemeindelied oder statt einzelner liturgischer Stücke musiziert werden. Die Kantate als ganze hat dadurch nicht so viel Gewicht, bestimmt aber den roten Faden des Gottesdienstes. Es ist möglich, dann auch die Predigt aufzuteilen oder auf eine Predigt im engeren Sinn zu verzichten und eher meditative Wortbeiträge mit den musikalischen Elementen zu verknüpfen.

4. Predigttext

a) Sonntagsevangelium

Die Bachkantaten sind in der Regel auf das Evangelium des Sonntags bezogen. Epistelkantaten oder thematisch ausgerichtete Kantaten für den Hauptgottesdienst sind bei Bach selten. Von einem Sonntagsevangelium unabhängig sind die Kantatentexte, die zu bestimmten Anlässen wie Trauung oder Beerdigung gedichtet wurden. Solche Kantaten eignen sich zum Teil durchaus für die Aufführung im Hauptgottesdienst an weniger stark geprägten Sonntagen des Kirchenjahres. Bei einer Kantate zur Beerdigung bietet sich das Ende des Kirchenjahres an oder die Passionszeit, für die es von Bach kaum Kantaten gibt.

Das Evangelium des Sonntags empfiehlt sich grundsätzlich als Predigttext in einem Kantatengottesdienst. Falls die Kantate nicht an dem für sie vorgesehenen Sonntag aufgeführt wird, hat das Evangelium Vorrang, auf das sich die Kantate bezieht, und nicht das des aktuellen Sonntags. Bei der Auswahl der Kantaten ist darauf zu achten, dass sie in den kirchenjahreszeitlichen Zusammenhang passen. Wer aber jedes Jahr am ersten Advent über den Einzug in Jerusalem (Matthäus 21) zu predigen hat, weil jedes Mal die entsprechende Kantate von Bach (oder Telemann) aufgeführt wird, der fühle sich frei, sich für die Predigt vom Evangelium zu lösen.

b) Andere Bibeltexte

Die Kantatentexte sind voller Anspielungen auf biblische Texte, so dass man auch eine Nebenassoziation zum Predigttext machen kann. Bei BWV 61 „Nun komm, der Heiden Heiland" beispielsweise zitiert das Bass-Rezitativ Offenbarung 3,20: „Siehe, ich stehe vor der Tür und klopfe an. So jemand meine Stimme hören wird und die Tür auftun, zu dem werde ich eingehen und das Abendmahl mit ihm halten und er mit mir." Es wäre durchaus möglich, Offenbarung 3, 14–22 als Predigttext in einem Gottesdienst zum ersten Advent mit dieser Kantate zu verwenden.

c) Kantatentext

Der Kantatentext selbst ist eine lohnende Predigtgrundlage. Darauf ist etwas ausführlicher einzugehen.

Musik und Text der Kantate üben in jedem Fall eine Wirkung aus. Die barocke Affektenlehre beschreibt, welche Bewegung von Herz und Gemüt die Musik hervorrufen soll. Das muss nicht notwendig ausgedeutet werden. Da für Bach Text und Musik aber sehr eng miteinander verbunden sind, ist es hilfreich, gelegentlich einen Hinweis auf die musikalische Interpretation des Evangeliums zu geben. Dazu ist eine grundlegende Information über die musikalischen Ausdrucksmittel nötig. Hier öffnet sich allerdings auch ein weites Feld für Spekulationen (etwa die Gematrie – Ausdeutung der Musik mit Hilfe eines Zahlenalphabets), bei denen Vorsicht geboten ist. Dennoch können sich Pointen für die Predigt ergeben, wenn man auf die musikalische Ausdeutung des Textes achtet.

Für Bachs musikalische Textauslegung hier einige Beispiele:

- *BWV 61 Das Klopfen im Bassrezitativ wird hörbar in durchgehenden Pizzicato-Akkorden der Streicher; durch die vielen Wiederholungen wirkt es hartnäckig (vgl. Predigt zu BWV 61).*
- *Der Tritonus, eine übermäßige Quarte beziehungsweise verminderte Quinte, an exponierter Stelle in der Melodie eingesetzt, wird als scharfes Intervall wahrgenommen. Bach verwendet ihn zum Beispiel bei „Mir ekelt mehr zu leben" in BWV 170 (vgl. Maarten 't Hart, Die Welt, das Sündenhaus) oder im Actus tragicus im Fugenthema des Mittelsatzes „Es ist der alte Bund".*
- *Lange Pausen können Tod oder auch Ewigkeit symbolisch Raum geben, so die Pause von sieben Vierteln plus Fermate am Ende des erwähnten Satzes aus dem Actus tragicus nach „Mensch, du musst sterben", bevor die Sopranistin den Schlussvers der Offenbarung singt, „Ja, komm, Herr Jesu!".*

Schon in der Bachzeit wurde dem Gottesdienstbesucher ein gedruckter Handzettel mit dem Kantatentext ausgehändigt. Den konnte er vor dem Gottesdienst meditieren und während des Gottesdienstes mitverfolgen. Schließlich nach dem Gottesdienst und zu Hause konnte der Kantatentext weiter zur persönlichen Andacht und Erbauung genutzt werden. Eine solche Fortwirkung ist auch heute wünschenswert und nicht ausgeschlossen.

Die Texte der Kantaten sind inhaltlich ernst zu nehmen. Die theologische Bachforschung hat darauf aufmerksam gemacht, nachdem die Texte seit dem 19. Jahrhundert abschätzig beurteilt worden sind als theologisch oberflächlich und sprachlich unbedeutend. Dieses unzutreffende Urteil wurde oft unreflektiert weitergegeben und haftet ihnen seitdem an. Gottesdienst und Predigt könnten dazu beitragen, neues Verständnis für die alten Texte zu wecken.

Die barocke Sprache ist nach wie vor in Wortwahl, Satzbau, Reimschema und Bedeutung nicht immer unmittelbar zugänglich. (BWV 199 „Mein Herze schwimmt im Blut, weil mich der Sünden Brut in Gottes heilgen Augen zum

Ungeheuer macht. Und mein Gewissen fühlet Pein, weil mir die Sünden nichts als Höllenhenker sein. Verhasste Lasternacht." Oder siehe oben BWV 170.) Es lohnt die Auseinandersetzung mit solchen Texten. Sie können die Hörer davor bewahren, nur die musikalische Harmonie zu genießen. Die barocke Lyrik ist oft drastisch, dadurch aber eben auch anschaulich und lebensvoll. Dies ist eine Anfrage an die manchmal blutleere, abstrakte neuzeitliche Theologie, Frömmigkeit und Predigt. Davon kann sich ein Prediger herausfordern lassen. Auch der Widerspruch gegen einen anstößigen Text kann fruchtbar sein. Als problematisch empfunden werden etwa (oft durchaus biblische) Themenfelder wie: Die Feinde Gottes und ihre Gewalt, erst recht die Gewalt gegen sie im Namen Gottes, oder die erotische Bildsprache für die Glaubensbeziehung zu Christus (vgl. Maarten 't Hart in „Bach und ich", Seite 84–86). Die sprachlich und theologisch fremde Welt kann das eigene theologische Nachdenken neu anregen, sich theologische Themen zu erarbeiten, die üblicherweise nicht im eigenen Blickfeld liegen, erst recht nicht in dem der Gemeinde. Das bedeutet aber nicht, dass sie nicht trotzdem relevant sind.

Mit dem Kantatentext kann der Bibeltext ausgelegt und dogmatisch sowie seelsorgerlich zugespitzt werden. Die Kantate ist eine Anleitung zur persönlichen Auslegung, das heißt zur Aneignung des Wortes Gottes mit den ihr zur Verfügung stehenden Mitteln.

Es ist allgemein unumstritten, dass Bach theologisch interessiert, gebildet und anspruchsvoll war. Die lutherische Theologie seiner Zeit war ihm durch persönliche Bekanntschaft mit Theologen und durch die Literatur vertraut. Er war ein fleißiger Bibelleser. Er hat seine Kantatentexte teilweise selbst redigiert und korrigiert.

Einen großen Textanteil stellen wörtliche Zitate aus der Bibel in der Lutherübersetzung dar.

Hinzu kommen biblische Bilder, Allusionen, also Anspielungen auf Bibelworte und Choräle. Vor Erdmann Neumeister, der die neue Kantatenform mit freier Dichtung schuf, bestand die Kantate aus Bibelzitaten und Choralstrophen. Zeitgenössische Predigtsammlungen wurden von den Textdichtern als Quelle benutzt. Auch aus Dogmatiken und theologischen Lehrbüchern sind manche Texte gespeist. So sind die Kantatentexte eine Mischung aus Verkündigung und Auslegung der biblischen Botschaft. Mit der Konkordanzmethode wurden mehrere einschlägige biblische Belege zu einem Thema zusammengestellt und dienen der Auslegung.

Hinzu kam das „Konkordanzhören". Da die Hörer der Zeit in Bibel und Gesangbuch zuhause waren, riefen die Texte bei ihnen weitere Assoziationen erbaulicher Zitate wach. Dies kann heute nicht vorausgesetzt werden, die Predigt könnte sich jedoch etwas davon zur Aufgabe machen.

Die Kantate mit ihrem Text steht nicht nur in der damaligen Gottesdienstordnung zwischen Evangeliumslesung und Predigt, sondern auch inhaltlich. Bach hat durch die musikalische Strukturierung (Symmetrien, Abfolge von Arien, Rezitativen und Chorälen, Tonartwechsel, Instrumentierung) des Kantatentextes Bezüge geschaffen, die eine Auslegungshilfe bieten.

Er legte seinen Kantaten deutsche Texte zu Grunde, damit sie für alle verständlich sind. Das hatte katechetische, pädagogische und seelsorgerliche Wirkung. Dass das Deutsch seiner Zeit für heutige Hörer verständlich wird und dafür eventuell gedolmetscht wird, entspricht also dem Anliegen Bachs und seiner Kantaten. Die abschätzige Beurteilung der Kantatentexte in früherer Zeit zeigt, dass es fast noch wichtiger ist, deutsche Texte zu dolmetschen als lateinische. Bei den deutschen merkt man unter Umständen gar nicht, was man an ihnen nicht versteht.

Predigt und Musik, Kantatentext und Bibeltext sowie die jeweilige Aktualisierung durch Musiker und Prediger sind gleichwertige Elemente eines Kantatengottesdienstes. Die Gemeinde ist beteiligt, nicht Publikum. Weder ist die Musik nur Verschönerung des eigentlichen Gottesdienstes, noch sind die übrigen gottesdienstlichen Elemente unnötige Doppelung der Kantate. Dass die Predigt keine Informationsveranstaltung ist, sondern das Evangelium auf den Glaubenden und die Gemeinde zuspitzt und die Glaubensantwort herausfordert, hat sie mit der ursprünglichen Intention der Kantate gemeinsam. Viele Hörer erleben Musik als religiös berührend. Das kann in der Predigt expliziert werden. So kann sie dazu helfen, dass es nicht nur ein diffuses Gefühl bleibt.

Die Kantatentexte beschreiben oft einen Weg vom Zweifel zur Glaubensgewissheit, von der Sorge zum Trost, von Trauer zur Fröhlichkeit, von der Dunkelheit zum Licht. In dieser Bewegung entsprechen sie den Psalmen. Auch das Zwiegespräch der Seele mit sich selbst und mit Gott ist ein Psalmenmotiv. In den Kantaten spricht die Seele meist mit Christus, bringt ihre Not zum Ausdruck, formuliert ihre Hoffnung, ihre Liebe und Freude. Wer die Kantate hört und singt, wird eingestimmt, stimmt ein und wird so auf den Weg zu Christus mitgenommen, zum Glauben. Ziel auch der Kirchenmusik im Barock ist, den Affekt des Herzens zu bewirken. Die glaubende Seele gerät in das nachgedichtete biblische Geschehen, wird gleichzeitig mit ihm. Sie ist hineingenommen in die Bewegung der Musik, ist dadurch selbst bewegt zu Gott. Die Musizierenden bilden die Gemeinschaft der Glaubenden ab.

d) Choral

Bei Choralkantaten bietet sich eine Liedpredigt über den Choral an (z.B. „Lobe den Herren" BWV 137). Aber auch bei anderen Kantaten ist eine Predigt über das Lied, dem mindestens der Schlusschoral entstammt, möglich, so bei allen Adventskantaten zum Lied „Nun komm, der Heiden Heiland".

Bachkantaten in
der katholischen Messfeier

Meinrad Walter

Orgelmusik des Thomaskantors J. S. Bach erklang, als die
Väter des Zweiten Vatikanischen Konzils – katholische Bischöfe
aus aller Welt – am 11. Oktober 1962 feierlich in den Peters-
dom einzogen. Fernando Germani spielte das Präludium
c-Moll (BWV 546). Die Liturgiekonstitution dieses Konzils
nennt dann – Bach hätte sich darüber gefreut! – die Musik
einen „notwendigen und integrierenden Bestandteil der feierlichen Liturgie". Das ist heute ökumenischer Konsens,
wenngleich die praktischen Konsequenzen sehr divergieren
können.

Erstaunlicherweise fehlt in der erwähnten Konstitution
„Sacrosanctum Concilium" bei aller Wertschätzung der Musik
und der Predigt der nähere Zusammenhang zwischen beiden, womit wir bei Bachs Kantatenwerk wären, das genau
diesen Zusammenhang entlang des Kirchenjahres entfaltet.
Bach las Römer 10,17 im Wortlaut der Lutherbibel: „So
kommt der Glaube aus der Predigt, das Predigen aber durch
das Wort Gottes", wobei die musikalische Predigt immer mit
gemeint ist. In der katholischen Tradition hat sich eine musikalische Predigt – von den eher zaghaften Ansätzen zur Liedpredigt einmal abgesehen – kaum entfaltet, weder vor noch
nach dem letzten Konzil.

Sind nun Bachs barock-lutherische Kantaten als Predigtmusik in der heutigen katholischen Messfeier sinnvoll? Meine
Antwort heißt „Ja". Notwendig hierfür ist die Integration
dieser Musik in den heutigen Gottesdienst, was im übrigen
ja auch für eine Mozart-Messe oder eine gregorianische Cho-

ralmesse gilt. Im Blick auf Bach sind zwei Wege gangbar: Das mehrsätzige Gebilde einer Kantate – seiner Textgestalt nach nichts anderes als eine Kurzpredigt in Reimen – kann auf verschiedene „Positionen" der Liturgie (Proprium und Ordinarium) aufgeteilt werden. Bisweilen „passen" die Sätze dann auch ganz hervorragend. Aber der Spannungsbogen der Kantate wird dadurch beeinträchtigt, weshalb ich von dieser Lösung abrate. Die weit sinnvollere Möglichkeit besteht darin, die Kantate „am Stück" als Predigtmusik erklingen zu lassen.

Welche Werke Bachs kommen dafür in Frage? Zunächst einmal diejenigen, die sich ausdrücklich auf ein bestimmtes Evangelium der heutigen katholischen Leseordnung beziehen – also etwa die Weimarer Pfingstkantate „Erschallet, ihr Lieder, erklinget, ihr Saiten!" im Lesejahr C am Pfingstfest oder am 6. Sonntag der Osterzeit. In Frage kommen aber auch die im Kirchenjahr variablen Kantaten „per ogni tempo" wie „Nach dir, Herr, verlanget mich" oder „Aus der Tiefen" und „Ich hatte viel Bekümmernis" (in der kürzeren Frühfassung). Schließlich sind auch Werke aus Bachs Jahrgang der Choralkantaten möglich, vor allem dann, wenn ihnen Kirchenlieder zugrunde liegen, die auch in der katholischen Tradition beheimatet sind, wie „Was Gott tut, das ist wohlgetan" oder „Wer nur den lieben Gott lässt walten".

Wie sieht das konkret aus? Nach dem Evangelium schlägt eine kurze Überleitung die Brücke zwischen Evangelium und Kantate. Bisweilen kann auch bewusst gemacht werden, dass Bachs Musik und die katholische Barockkirche in derselben Epoche entstanden sind. Die Kantate *ist* dann an diesem Sonn- oder Festtag die Predigt. Der gesungene Text sollte zum Mitlesen zur Verfügung stehen. Aus der evangelischen Tradition des Kantatengottesdienstes ist zu lernen, dass ein verbales Predigen *gegen* Bachs Musik („was mir an diesen barocken Texten noch nie gefallen hat …" als eine Art „Kantatenbeschimpfung") ebenso sinnlos ist wie ein pseudobarockes Predigen *wie* die Musik oder ein unbedachtes Ausschütten musikalischer Gemeinplätze *neben* der Kantate.

Nun darf die musikalische Predigt auch nicht dazu führen, dass die Messe ein Predigt-Übergewicht erhält. Auch das Ordinarium ist sorgfältig zu musizieren! Die Kantate ist jedoch um so weniger ein Fremdkörper, je intensiver der Chor sie musikalisch *und* spirituell erarbeitet hat. Hierzu eignet sich besonders die „Bachkantate zum Mitsingen" als dreitägige Veranstaltung mit Proben, Reflexion und gottesdienstlicher Aufführung als Höhepunkt. Wichtig scheint, dass Orchester, Solisten und Chorsänger/innen sich insgesamt in dieser Liturgie engagieren: ein Solist zugleich als Kantor beim Antwortpsalm, das Orchester durch collaparte-Mitspielen einiger Kirchenlieder, der Chor mit einem zusätzlichen Überchor beim Sanctus usw.

Immer spielt die Haltung des Musizierens eine entscheidende Rolle. Mit den Worten der anfänglich genannten Liturgiekonstitution geht es darum, dass Musik „das Gebet inniger zum Ausdruck bringt". Heute liegt das Missverständnis eines „Konzertes im Rahmen der Liturgie" bisweilen nahe. Dies ist am ehesten zu vermeiden, wenn auch die liturgisch Verantwortlichen der Kantate aufmerksam zuhören und sie integrieren, etwa durch die Überschrift der Kantate „Nach dir, Herr, verlanget mich" zugleich als Kommunionspruch. Bachkantaten in der katholischen Messe – eine ganz neue Aufgabe wäre zudem ihre gelegentliche Integration in eine feierliche Tagzeitenliturgie – sind nicht die Regel, sondern eine wohl bedachte Ausnahme, die drei Aspekte der erneuerten katholischen Liturgie organisch verbindet: Bibel, Predigt und Musik.

Schwingt freudig euch empor (BWV 36)

Erster Advent

Amélie Gräfin zu Dohna
Anke Holfter

Kirchenmusikalische Vorbemerkungen

Der Eingangschor „Schwingt freudig euch empor" ist virtuoser als die Chöre der beiden anderen Kantaten zum ersten Advent über „Nun komm, der Heiden Heiland". Im Unterschied zu jenen ist diese Kantate nicht als Mitsingaufführung geeignet.

Aus dem Choral „Nun komm, der Heiden Heiland" verwendet Bach hier drei Strophen: Als Frauenstimmenduett, als Tenorsolo (diese Strophe steht schon lange nicht mehr im Gesangbuch) und als Schlusschoral. Die solistischen Strophen ersetzen in dieser Kantate ungewöhnlicherweise die Rezitative.

Bach teilt die Kantate mit einer Choralstrophe aus „Wie schön leuchtet der Morgenstern" (EG 70,6). Darum steht auch im hier vorgestellten Gottesdienst die Predigt in der Kantatenmitte.

Wie für alle Kantaten sei die Lektüre der Einführung von Alfred Dürr empfohlen. Bei dieser Adventskantate ist vor allem die weltliche Herkunft interessant.

Theologische Vorbemerkungen

Mehrere unterschiedliche Bearbeitungen und Parodien auf dem Weg zu dieser Kantate sind bekannt, etwa zur Huldigung an einen Lehrer oder zum Geburtstag einer Fürstin. Die Textvergleiche nötigen einen zur Vorsicht bei der musikalischen Ausdeutung des Textes. Andererseits wird die musikalische Huldigung aus weltlichen Anlässen auch Jesu Einzug in Jerusalem gerecht.

In dieser Kantate sind mehr Strophen des Adventsliedes „Nun komm, der Heiden Heiland" verarbeitet als in den beiden Adventskantaten, die ausdrücklich nach dem Choral benannt sind (BWV 61 und 62). Man könnte also eine Liedpredigt zu „Nun komm, der Heiden Heiland" erwägen.

In BWV 36 steht die Brautsymbolik im Vordergrund, die Erwartung des Bräutigams. Sie lohnt, in der Predigt gedeutet zu werden, da sie vermutlich heutigen Predigthörern zunächst fremd erscheint. Das Brautbild hat biblische Ursprünge im Liebesverhältnis zwischen Gott und seinem Volk (Hos 2,21f), das seine neutestamentliche Entsprechung in der Beziehung Christi zu seiner Gemeinde findet (Eph 5,23.29.32f). Die Hochzeitsgleichnisse thematisieren endzeitliche Erwartung und Wachsamkeit (z.B. Mt 25,1–13 Die klugen und die törichten Jungfrauen). Der Kantatentext und die biblischen Lesungstexte an diesem Sonntag lassen den „ersten Advent" – Jesu Kommen damals – und den zweiten, den endzeitlichen Advent anklingen. Der Einzug in Jerusalem, die Evangeliumslesung, wird allerdings in der Kantate nicht ausdrücklich aufgenommen. Als Predigttext bietet er sich dennoch an. Ebenfalls geeignet ist Psalm 24. Für den ersten Adventssonntag ist die Kantate vor allem durch das Wochenlied geprägt. Sie kann aber auch an den anderen Adventssonntagen aufgeführt werden.

Übersicht

ORGELVORSPIEL

LIED Wie soll ich dich empfangen (EG 11, 1–5)

BEGRÜSSUNG

PSALM 24, 1–8 im Wechsel (Machet die Tore weit)

GLORIA PATRI

KYRIE

GLORIA IN EXCELSIS
Gloria sei dir gesungen (im Bachsatz EG 535)

GEBET

LIED Nun komm, der Heiden Heiland (EG 4, 1–3)

ERZÄHLUNG
Evangelium: Matthäus 21, 1–9
(Einzug Jesu in Jerusalem)

VERABSCHIEDUNG DER KINDERGOTTESDIENSTKINDER

KANTATE (1–4)

PREDIGT

KANTATE (5–8)

GLAUBENSBEKENNTNIS

LIED Tochter Zion (EG 13, 1–3)

ABKÜNDIGUNGEN

LIED Macht hoch die Tür (EG 1, 1–4)

GEBET

VATERUNSER

LIED Komm, o mein Heiland (EG 1, 5)

SEGEN

SCHLUSSCHORAL Wiederholung

Ablauf

ORGELVORSPIEL
Johann Sebastian Bach: Präludium A-Dur BWV 536

LIED Wie soll ich dich empfangen (EG 11, 1–5)

BEGRÜSSUNG
Er kommt.
Er ist nicht einfach da,
und wir können auf ihn zurückgreifen,
wenn uns danach ist.
Er kommt.
Er will erwartet und empfangen werden.
Macht die Tore Eures Herzens weit.
Er zieht ein.
Es ist Advent.

PSALM 24, 1–8 im Wechsel (Die Erde ist des Herrn)

GLORIA PATRI in D-Dur

KYRIE in D-Dur

GLORIA IN EXCELSIS
Gloria sei dir gesungen (im Bachsatz EG 535)

GEBET
Wir warten, Herr, denn wir erwarten alles von Dir.
Unsere Geduld stellst du auf eine harte Probe.
Komm doch, komm bald und mach uns frei,
dich zu loben jetzt und in Ewigkeit.
Amen.

LIED Nun komm, der Heiden Heiland (EG 4, 1–3)

ERZÄHLUNG
Evangelium: Matthäus 21, 1–9 (Einzug in Jerusalem)

VERABSCHIEDUNG DER KINDERGOTTESDIENSTKINDER

KANTATE

1. Chor

Schwingt freudig euch empor zu den erhabnen Sternen,
Ihr Zungen, die ihr itzt in Zion fröhlich seid!
Doch haltet ein! Der Schall darf sich nicht weit
entfernen,
Es naht sich selbst zu euch der Herr der Herrlichkeit.

2. Choral

Nun komm, der Heiden Heiland,
Der Jungfrauen Kind erkannt,
Des sich wundert alle Welt,
Gott solch Geburt ihm bestellt.

3. Arie Tenor

Die Liebe zieht mit sanften Schritten
Sein Treugeliebtes allgemach.
Gleichwie es eine Braut entzücket,
Wenn sie den Bräutigam erblicket,
folgt ein Herz auch Jesu nach.

4. Choral

Zwingt die Saiten in Cythara
Und lasst die süße Musica
Ganz freudenreich erschallen,
Dass ich möge mit Jesulein,
Dem wunderschönen Bräutgam mein,
In steter Liebe wallen!
Singet, springet,
Jubilieret, triumphieret, dankt dem Herren!
Groß ist der König der Ehren.

PREDIGT

Alle Anzeichen sprechen dafür: Es geht in der Kantate um
Verliebte. Ihre Liebe ist noch in der Schwebe, mit all den
Stimmungen, Schwankungen und Spannungen, die dazu ge-
hören: Jubelnde Freude; Fröhlichkeit, die nach den Sternen

greifen zu können glaubt. Aber auch Zweifel an der eigenen Liebenswürdigkeit und an der Liebe des Geliebten. Zaghaftigkeit und Zurückgenommenheit im Ausdruck. Sanftheit, um den Geliebten nicht zu überfordern. Sehnsucht nach dem Geliebten. Ungeduldiges Warten. Träume, wie das Zusammensein sich gestalte, mit Lust und Liebe. Der Wunsch nach Erfüllung dieser Liebe. Dies alles in barocker Wortfülle ausgemalt.

Die Braut und der Bräutigam sind einander versprochen, verlobt, verbunden durch Liebe und Vertrag, aber sie sind noch nicht in der Ehe vereinigt. Ein Bild, das die Bibel durchzieht. Im Alten Testament ist Gott der Bräutigam und die Heilsgemeinde in Jerusalem auf dem Zion die Braut. Im Neuen Testament ist Christus der Bräutigam und die christliche Gemeinde die Braut.

Ein adventliches Bild für die Gemeinde. Sie wartet auf die Erfüllung des Reiches Gottes in Herrlichkeit. Es ist ihr versprochen, sie ist bereits hineingestellt. Aber erst durch das endgültige Kommen Christi wird es vollendet. Die Gemeinde als Braut wartet auf den Messias, ihren Bräutigam, sehnsüchtig und voll Vorfreude. Sie wartet auf dem Zion, dem heiligen Berg. Von dort soll das Heil für Israel und für alle Völker ausgehen. Sie wartet himmelstürmend: „Schwingt freudig euch empor zu den erhabenen Sternen." Aus Gottes Thronrat im Sternenhimmel soll der Messias kommen, als der helle Morgenstern.

Der Überschwang – alles doppelt: freudig, fröhlich, schwingt empor, erhaben – der Überschwang ist verständlich, denn die Freude ist unbändig.

Doch haltet ein – im Sternenhimmel erreicht der Gesang den Messias nicht. Der Herr der Herrlichkeit ist uns nah, ist Mensch geworden. Das wird sein Kommen bestimmen wie damals in Bethlehem, so immer und in Ewigkeit. Das soll auch unser Singen und Beten bestimmen. Der Schall soll nicht zu den Sternen gehen, nicht Luftschlösser bauen. Wir loben den, der sein Reich mitten unter uns aufgebaut hat.

Eine Braut, die ihren Geliebten vergöttert und in den Himmel hebt, statt ihn als Mensch zu sehen und trotzdem lieb zu haben, wird bitter enttäuscht werden, denn er ist Mensch. Auch von Jesus, dem Messias, dem Bräutigam, sind viele Menschen enttäuscht gewesen. Sie haben in ihm den Herrn der Herrlichkeit erwartet und nicht für möglich gehalten, dass er nur als ein Mensch auftritt. Für solche ist die Adventszeit eine Enttäuschung.

Werden etwa auch die Gläubigen enttäuscht?

Nun komm! Sehnsüchtig wartet die Gemeinde auf den Heiland. Es ist Zeit. Es ist Not in der Gemeinde und unter den Heiden, Not in der ganzen Welt. Nun komm!

Der Heiland kommt als Kind auf die Welt – nicht ganz wie wir alle, denn seine Geburt ist wunderbar, so geziemt es Gott – aber er kommt zur Welt und ist Mensch.

Der Liebende ist sanft. Er trumpft nicht mit seiner Gottheit auf, sondern nimmt Rücksicht auf das, was der Geliebten zumutbar ist. Diese Liebe, zwar auf den ersten Blick und ohne Vorbehalte, soll doch wachsen können und Zeit haben. Der Bräutigam macht sich der Geliebten gleich, kommt ganz zu ihr und zieht sie, ihr Herz mit sich empor.

Das Herz folgt freudig aus Liebe. Auch das einzelne Herz wird als Braut Jesu beschrieben. Es folgt Jesus, dem Bräutigam, nach zu den endzeitlichen Freuden in Vollendung. Das soll noch einmal jubilierend besungen werden, triumphal ist der Einzug ins Brautgemach, in die vollkommene Herrlichkeit. Denn der Bräutigam, das liebe Jesulein, ist der große König der Ehren.

Lieb und Glaube regieren die Herzen. Liebe und Vertrauen unter Menschen sind ein Gleichnis für den Glauben und die Liebe zu Gott. Der Bräutigam wie der Heiland erfreuen und heilen das Herz.

Ach ja, „zieh bei mir ein!" – Aber bin ich denn rein, liebenswürdig, begehrenswert? Der Glaube wie die Liebe werden von diesen Fragen angekränkelt. Gott kann mich nicht lieben, denn ich bin sündig. Ich tue nicht, was ich soll und was ihm gefällt. Der Bräutigam kann mich nicht lieben. Ich bin nicht schön, nicht lieblich genug.

Dabei ist es doch umgekehrt: Die Liebe macht aus sich heraus überhaupt erst einen Menschen schön und liebenswert. Die Liebe Gottes macht einen Menschen rein und gerecht. Sie heilt das „böse und kranke Fleisch".

Unsere gedämpften, schwachen, fleischlichen Stimmen könnten niemals Gottes Ruhm angemessen verkündigen. Seine Liebe lässt unsere Stimmen so kräftig klingen, dass sie im Himmel gehört und verstanden werden. Auch mit gedämpften schwachen Stimmen können wir es wagen, das Lob zu singen, den Glauben zu bekennen.

Wir selbst verstehen nie ganz, was wir da sagen. Wir können es nicht erklären, schon gar nicht beweisen. Wir sollen sie wagen, die stammelnde Liebeserklärung.

Auch darin sind Glaube und Liebe vergleichbar. Sie müssen immer neu vergewissert werden, immer neu bekannt und erklärt. Ich liebe dich! – nicht besonders neu und originell, nicht selbst ausgedacht. Der Geliebte will trotzdem nichts anderes hören, nichts anderes sagen, als immer wieder dies. Er versteht es ja schon. Aber es muss gesagt werden.

Ich glaube an Gott, den Vater, den Sohn und den Heiligen Geist – nicht besonders neu und originell, nicht selbst ausgedacht, nicht einmal ganz verstanden. Gottes Geist aber gibt die Worte und dolmetscht sie, dass sie stimmen und verstanden werden.

So tönt das zaghaft Gewagte laut, nun doch bis in den Himmel: Lob sei Gott Vater, Sohn und Heiligem Geist in Ewigkeit. Wer im Advent nur einen Menschen erwartet, der wird enttäuscht und leer bleiben. Der Bräutigam wurde Mensch, um die Gemeinde heimzuholen zur ewigen Freude. Er ist der große König der Ehren. Willkommen.
Amen.

KANTATE

5. Arie Bass
Willkommen, werter Schatz!
Die Lieb und Glaube machet Platz

Vor dich in meinem Herzen rein,
Zieh bei mir ein!

6. *Choral Tenor*
Der du bist dem Vater gleich,
Führ hinaus den Sieg im Fleisch,
Dass dein ewig Gott'sgewalt
In uns das krank Fleisch enthalt.

7. *Arie Sopran*
Auch mit gedämpften, schwachen Stimmen
Wird Gottes Majestät verehrt.
Denn schallet nur der Geist darbei,
So ist ihm solches ein Geschrei,
Das er im Himmel selber hört.

8. *Choral*
Lob sei Gott, dem Vater, g'ton,
Lob sei Gott, sein'm eingen Sohn,
Lob sei Gott, dem Heilgen Geist,
Immer und in Ewigkeit!

GLAUBENSBEKENNTNIS

LIED Tochter Zion (EG 13 im Händelsatz, 1 mit Orgel,
2 Gemeinde + Chor a cappella, 3 mit Orchester)

ABKÜNDIGUNGEN

LIED Macht hoch die Tür (EG 1, 1–4)

GEBET
Großer Herr,
sanftmütig und geduldig, erbarme dich unser.
Zieh ein in unsere Herzen.
Wir legen ab wie Kleider:
Was unser Mitgefühl verhüllt,
Herr, erbarme dich.

Wohinter wir uns verbergen,
Herr, erbarme dich.
Den schönen Schein, mit dem wir täuschen.
Herr, erbarme dich.
Wir legen all das ab vor dir.
Es säumt deinen Weg zum Kreuz.
Herr, erbarme dich.
Richte deine Herrschaft auf unter uns,
dass wir dem Frieden dienen und Frieden finden.
Wir erbitten ihn für uns und für die Menschen,
die wir dir in der Stille nennen.
… …
Herr, erbarme dich.
Zieh ein in unsere Herzen.
Lass es hell werden in uns und unter uns.
Dich loben wir, unsern Herrn und König in Ewigkeit.
Amen.

VATERUNSER

LIED Komm, o mein Heiland Jesu Christ (EG 1, 5)

SEGEN

SCHLUSSCHORAL Wiederholung

Stephanuskirche Göttingen

Nun komm, der Heiden Heiland (BWV 61)

Erster Advent

Johannes Goldenstein / Amélie Gräfin zu Dohna (Predigt)

„Komm, Jesu, komm zu deiner Kirche" –
Zeichenhandlungen zum Beginn des Kirchenjahres
und Abendmahl

Theologische und musikalische Vorbemerkungen

Der folgende Entwurf versucht, einzelne inhaltliche Motive
einer Bachkantate in liturgische Handlungen umzusetzen
und so die Kantate über ihre Klanggestalt hinaus gottesdienstlich zu inszenieren. Neben den hörend-rezeptiven
Umgang mit Musik und Text der Kantate während der Aufführung und den kognitiv-erschließenden Zugang zu ihr
durch die Predigt soll ein liturgisch-performativer Umgang
mit ihr treten. Motive der Kantate, die normalerweise als
Text in einer besonderen Klanggestalt erlebt – und das heißt:
gehört, bedacht oder verinnerlicht – werden, sollen durch
eine liturgische Handlung *so* inszeniert und „in Form" gebracht (neudeutsch: ‚performed') werden, dass sie anschaulich und dadurch auf neue, andere Weise erlebbar werden
können.

Der Entwurf bezieht sich auf die Kantate „Nun komm,
der Heiden Heiland" (BWV 61), die Bach für den ersten
Adventssonntag 1714 komponiert hat. Das geschieht nicht
von ungefähr. Zum einen schenkt bereits die Originalparti-
tur der Frage nach der Verbindung von Kantate und Liturgie

besondere Aufmerksamkeit: Auf der Umschlagseite findet sich Bachs eigenhändige Eintragung der „Anordnung des Gottesdienstes in Leipzig am 1. Advent-Sonntag früh" (Deutsche Staatsbibliothek Berlin, Mus. ms. Bach P 54). Zum anderen bietet die Textdichtung Erdmann Neumeisters mit ihrer Entfaltung des adventlichen Leitmotivs vom Kommen des Erlösers insbesondere in den Texten der Tenor-Arie (Nr. 3) und des Bariton-Rezitativs (Nr. 4) konkrete inhaltliche Anknüpfungsmöglichkeiten für eine liturgische Inszenierung.

Zum dritten ist der erste Sonntag im Advent als Beginn des neuen Kirchenjahres und zugleich als Beginn der Zeit innerer und äußerer Vorbereitung auf das Christfest gleichsam seiner Natur nach ein Ort für besondere Gestaltungsformen und Rituale.

Die Kantate eröffnet das neue Kirchenjahr mit der ersten Strophe des altkirchlichen Hymnus „Veni redemptor gentium" in der deutschsprachigen Fassung von Martin Luther, dessen Adventslied bis zur Einführung des Evangelischen Gesangbuchs 1993 in der lutherischen Tradition das Hauptlied für die Adventszeit war. Auch musikalisch trägt diese Eröffnung den Charakter einer Ouvertüre.

Das Tenor-Rezitativ (Nr. 2) erinnert an den ‚ersten Advent' der Heilsgeschichte – an die Menschwerdung Gottes in Jesus Christus. Gott hat die Bitte des Eingangssatzes, „Nun komm, der Heiden Heiland", bereits erfüllt. „Der Heiland *ist* gekommen, / hat unser armes Fleisch und Blut / an sich genommen …". Nur kurz geht der Blick in die Vergangenheit, um sich sogleich in die Gegenwart zu richten: „… und nimmet uns zu Blutsverwandten an." Es geht bei der Menschwerdung Gottes um den Menschen schlechthin – um die ganze Menschheit – und zugleich um jede und jeden von uns persönlich: „O allerhöchstes Gut! / Was hast du nicht an uns getan? / Was tust du nicht / noch täglich an den Deinen? / Du kömmst und lässt dein Licht / mit vollem Segen scheinen." Darum feiern wir Advent und Weihnachten im jährlichen Zyklus immer wieder neu.

Die Ankunft, um die es geht, meint die im Jahresrhythmus gefeierte Geburt Jesu ebenso wie seine erwartete und erhoffte

Wiederkunft am Ende aller Zeit. Die Arie des Tenor (Nr. 3) bezieht die Ankunft Jesu zudem auf seine Gegenwart in der Gemeinschaft, die er gestiftet hat.

Der Heiland der Welt, „der Heil und Leben mit sich bringt" (EG 1, Str. 1), soll am Beginn des neuen Kirchenjahres aufs Neue zu den Seinen kommen; er soll sie stärken und erhalten:

„Komm, Jesu, komm zu deiner Kirche / Und gib ein selig neues Jahr! / Befördre deines Namens Ehre / erhalte die gesunde Lehre / und segne Kanzel und Altar!" Der Blick fokussiert sich von der Menschheit auf die christliche Gemeinde. Am (Kirchen-)Jahresbeginn steht die Bitte um die Erhaltung ihrer Grundlagen: Verkündigung, Bekenntnis (Lehre) und Sakramente – die Vollzüge der Vergewisserung.

Das Rezitativ des Bariton (Nr. 4) ist die Antwort des Heilands: „Siehe, ich stehe vor der Tür und klopfe an. So jemand meine Stimme hören wird und die Tür auftun, zu dem werde ich eingehen und das Abendmahl mit ihm halten und er mit mir" (Offenbarung 3, 20). Der Herr ist nahe. Die gezupften Streicherakkorde malen musikalisch aus, wie er bei uns anklopft.

Damit verengt sich zugleich noch einmal der Focus: Nach Menschheit und Gemeinde ist nun der Einzelne im Blick, ich und mein Herz. „Öffne dich, mein ganzes Herze, / Jesus kömmt und ziehet ein", singt der Sopran (Nr. 5) und ist sich gewiss: „Bin ich gleich nur Staub und Erde, / will er mich doch nicht verschmähn, / seine Lust an mir zu sehn, / dass ich seine Wohnung werde. / O wie selig werd ich sein!" Adventliche Erwartung und Bereitung, Verheißung und Vorfreude kommen zusammen.

Die Kantate schließt mit dem „Amen" aus dem Abgesang der letzten Strophe von Philipp Nicolais Lied „Wie schön leuchtet der Morgenstern" (EG 70): „Amen, amen! Komm, du schöne Freudenkrone, bleib nicht lange! Deiner wart ich mit Verlangen" (Nr. 6).

Der Beginn der Adventszeit als einer Zeit innerer und äußerer Vorbereitung auf das Christfest ist naturgemäß ein Anlass für besondere Gestaltungsformen und Rituale. Die

Kantate gibt Gelegenheit, den Gottesdienst am ersten Advent als einen ‚anderen Advent' zu inszenieren. Zwei Motive eignen sich in besonderer Weise für eine liturgisch-performative Entfaltung: Die Bitte „Segne Kanzel und Altar" aus der Tenor-Arie (Nr. 3) und das musikalisch-bildhaft ausgestaltete Jesuswort aus Offenbarung 3, 20 „Siehe, ich stehe vor der Tür und klopfe an" (Nr. 4).

Als zentrale liturgische Orte, an denen sich die christliche Gemeinde durch regelmäßige Vollzüge ihrer Grundlagen vergewissert, sollen Kanzel und Altar zum Beginn des Kirchenjahres ins Bewusstsein der zum Gottesdienst Versammelten gehoben werden. Dazu dient eine doppelte Zeichenhandlung: Auf die Kanzel wird aufs Neue die Bibel gelegt – als sichtbares Zeichen des Evangeliums, als Grundlage der Verkündigung und als Orientierungshilfe für unser Leben. Und der Altar wird zum Beginn des Kirchenjahres mit einer frischen Decke und neuen Kerzen gedeckt – als sichtbares Zeichen der immer neuen Einladung zur Gemeinschaft mit Gott und miteinander.

Das Jesuswort aus Offenbarung 3, 20 dient als Leitmotiv für die Liturgie der Abendmahlsfeier, die trotz bzw. gerade wegen der Kantate in diesem Gottesdienst nicht fehlen sollte. Ein hinführender Dialog, gesprochen im Wechsel zwischen Liturg und einer Stimme aus dem Off (z.B. von der Empore), nimmt die ersten Worte des Rezitativs auf und vergegenwärtigt das Bild des anklopfenden Jesus im Blick auf verschiedene Lebenssituationen – bis hin zur aktuellen Situation der zum Gottesdienst versammelten Gemeinde vor dem Abendmahl. Darauf folgt ein Gebet an den anklopfenden Herrn (beide Elemente sind freie Übertragungen eines Textes aus dem *Iona Abbey Worship Book,* hg. von der Community of Iona, Glasgow: Wild Goose Publications, 2002, S. 173ff., durch den Vf.), an das sich unmittelbar die Einsetzungsworte anschließen. Anstelle des „Christe, du Lamm Gottes" bietet es sich an, die zweite Strophe des Adventsliedes „O komm, o komm du Morgenstern" (EG 19) zu singen, die – wenn auch mit anderen Formulierungen – zentrale Motive des klassischen Agnus Dei (Lamm, Frieden, Wegnahme von Schuld) aufnimmt.

Vorbemerkungen zur Durchführung

Für die praktische Durchführung ist es wichtig, sich die Rahmenbedingungen einer derartigen liturgischen Inszenierung bewusst zu machen. Das gesamte Konzept setzt ein räumliches Setting voraus, in dem der Altarraum für die liturgische Handlung und die Mahlfeier frei bleibt. Das heißt: Die Aufführenden der Kantate stehen räumlich nicht im Mittelpunkt – mit allen Veränderungen, die sich dadurch für die Aufführung und die Rezeption des Werks ergeben. Von Kompromissen, die am Ende dazu führen, dass sich liturgisch Handelnde mit brennenden Kerzen oder anderen Dingen in der Hand durch ein im Chorraum sitzendes Orchester schlängeln oder dass die Aufführenden den Chorraum während des Gottesdienstes zeitweise für liturgische Handlungen freigeben, ist dringend abzuraten.

An die Aufführung der ersten drei Sätze der Kantate sollte sich eine kurze Ansprache anschließen. Sie könnte den folgenden Gedankengang ausführen: Advent – Zeit zwischen Verheißung und Erfüllung, zwischen Erwartung, Bereitung und festlicher Freude. Erster Advent.

In die vielfältigen Gestimmtheiten hinein spricht der Eingangssatz der Kantate eine Bitte: „Nun komm, der Heiden Heiland". Wir feiern heute diese Bitte – unsere erwartungsvolle Sehnsucht – und die Zeichen seines Kommens: zu allen Menschen, zu seiner Gemeinde, das heißt zur Kirche, zu dir und mir. (Für die inhaltliche Ausführung vgl. die Hinweise bei Alfred Dürr, *Johann Sebastian Bach: Die Kantaten,* siehe Literaturverzeichnis, sowie die Hinweise oben.)

Die vorgeschlagenen Zeichenhandlungen eignen sich nicht für jeden Kirchenraum gleichermaßen und bedürfen einer sorgfältigen Vorbereitung und Erprobung. Das gilt insbesondere für hohe Kanzeln mit langem Treppenaufgang (Wie kann man eine Bibel dorthin angemessen transportieren, d.h. ohne dass es komisch wirkt?) und für große Altäre mit entsprechend schwer handhabbaren Leuchtern, Decken usw. (Im Zweifelsfall kann es sich empfehlen, den Gottesdienst mit einem fast leeren Altar zu beginnen und ihn im Zug der

Zeichenhandlung einzudecken. Die Altarkerzen sollten dann an der Osterkerze entzündet werden.)

Schließlich: Es bietet sich an, die Stimme aus dem Off im Dialog vor dem Abendmahl mit dem Bariton aus der Kantate zu besetzen. Damit lässt sich zum einen die akustische Qualität der Inszenierung sicherstellen. Zum anderen wird auf diese Weise die Stimme aus dem Off als „vox Christi" aus der Kantate konkret identifizierbar; Kantate und liturgische Inszenierung sind dadurch homogen miteinander verbunden. (Um diese Verbindung noch deutlicher zu inszenieren, könnte der Dialog mit den Streicherakkorden aus dem Rezitativ der Kantate unterlegt werden, die dafür ostinatoartig wiederholt werden müssten.)

Übersicht

Musik zum Eingang

Lied Macht hoch die Tür (EG 1, 1–3)

Begrüssung / Eröffnung

Psalm 24, 7–10 im Wechsel (Machet die Tore weit)

Gloria Patri

Kyrie

Gloria in excelsis

Gebet des Tages

Epistellesung
Römer 13, 8.11–12 (Die Nacht ist vorgerückt, der Tag aber nahe herbeigekommen)

Lied Macht hoch die Tür (EG 1, 4–5)

Evangeliumslesung
Matthäus 21, 1–9 (Jesu Einzug in Jerusalem)

Glaubensbekenntnis

KANTATE (1–3)

ANSPRACHE am Lesepult

ZEICHENHANDLUNG an der Kanzel

ZEICHENHANDLUNG am Altar

LIED Nun komm, der Heiden Heiland (EG 4, 1–5)

KANTATE (4–6)

LIED „O Heilger Geist, kehr bei uns ein" (EG 130, 1)

HINFÜHRUNG ZUM ABENDMAHL

GABENBEREITUNG, dabei

LIED O komm, o komm, du Morgenstern (EG 19, 1)

DIALOG

GEBET

EINSETZUNGSWORTE

VATERUNSER

AGNUS DEI
    O komm, du Sohn aus Davids Stamm (EG 19, 2)
    oder ein traditionelles Agnus Dei

FRIEDENSGRUSS

KOMMUNION

DANKGEBET

FÜRBITTEN

ENTLASSUNG UND SEGEN

MUSIK ZUM AUSGANG

Ablauf mit Bausteinen für die Liturgie

MUSIK ZUM EINGANG

LIED Macht hoch die Tür (EG 1, 1–3)

BEGRÜSSUNG / ERÖFFNUNG

PSALM 24, 7–10 im Wechsel (Machet die Tore weit)

GLORIA PATRI

KYRIE

GLORIA IN EXCELSIS

GEBET DES TAGES

EPISTELLESUNG
　　Römer 13, 8.11–12 (Die Nacht ist vorgerückt,
　　der Tag aber nahe herbeigekommen)

LIED Macht hoch die Tür (EG 1, 4–5)

EVANGELIUMSLESUNG
　　Matthäus 21, 1–9 (Jesu Einzug in Jerusalem)

GLAUBENSBEKENNTNIS

KANTATE

　1. Chor
　　Nun komm, der Heiden Heiland,
　　Der Jungfrauen Kind erkannt,
　　Des sich wundert alle Welt,
　　Gott solch Geburt ihm bestellt.

2. Rezitativ Tenor

Der Heiland ist gekommen,
Hat unser armes Fleisch und Blut
An sich genommen
Und nimmet uns zu Blutsverwandten an.
O allerhöchstes Gut,
Was hast du nicht an uns getan?
Was tust du nicht
Noch täglich an den Deinen?
Du kömmst und lässt dein Licht
Mit vollem Segen scheinen.

3. Arie Tenor

Komm, Jesu, komm zu deiner Kirche
Und gib ein selig neues Jahr!
Befördre deines Namens Ehre,
Erhalte die gesunde Lehre
Und segne Kanzel und Altar!

ANSPRACHE

(am Lesepult, möglicherweise auch alternativ zu den Zeichenhandlungen)

Erster Advent – Neujahrstag im Kirchenjahr.
Das ist mehr als nur: wieder ein Jahr um.
Eine neue Ära bricht an mit dem, der nun kommt.
Der erste Advent ist eine Ouvertüre. Sie wird musikalisch nach französischer Art umgesetzt.
Im barocken, absolutistischen Frankreich ist die Ouvertüre in der Oper eine Ehrenerweisung gegenüber dem Herrscher. Dabei zieht er feierlich in seine Loge ein.
Für geübte Ohren signalisiert die Musik unserer Kantate von Anfang an: Ein Herrscher ist im Kommen.
Ein paar Takte später erfahren wir, welcher Herrscher – der Heiden Heiland.
Heiden sind alle Völker, die noch nicht zu Gottes Volk gehören, in christlicher Sicht alle, die sich noch nicht zu Christus bekehrt haben.

Erwartet wird der Heiland von seinem Volk. Aber sein Kommen hat Bedeutung für alle Welt. Er regiert ja die ganze Welt. Das erkennen nur die, die an ihn glauben, denn er kommt unscheinbar als Kind. Er hat keinen Auftritt à la Ludwig XIV. Sein Volk kennt die Heilige Schrift, die sein Kommen ankündigt. Aber auch die Seinen werden sich wundern.

Nun komm – das ist Wunsch und Gewissheit. Denn der Kommende ist bereits gekommen. Dazwischen stehen wir. Wir erwarten den Heiland, weil wir wissen, dass er in Fleisch und Blut gekommen ist.
Er ist gekommen und wird kommen. Er tut es täglich.

Nun komm, tägliche Bitte, um sein Licht und seinen Segen. Neujahrswünsche für die Kirche, gerichtet an ihren Herrn. Wir bitten als Gemeinde, die seine Blutsverwandten sind. Er ist in unser armes Fleisch und Blut gekommen. Als Licht in die Finsternis, als Heiland in die Armut.
Wir sind in dieses Verwandtschaftsverhältnis getauft.
Die Bande der Verwandtschaft sind Wort und Sakrament. Er muss sie immer neu knüpfen und festigen, deshalb die Bitte: Segne Kanzel und Altar, segne die Verkündigung des Evangeliums und die Austeilung der Sakramente in deiner Kirche.
Sie sollen wirken, dass wir eng mit dir verbunden bleiben.
Bisher wurde von uns als Gemeinde gesungen. Durch sie wird die Verbindung mit dem dreieinigen Gott gehalten.

Dann wird es persönlich. Im Glauben jedes einzelnen muss sich die Verbindung zu Gott bewahrheiten, in meinem und deinem Leben muss sie weiterwirken. Dass wir mutig werden, die Wahrheit zu bekennen, dass wir Trost finden und die Kraft, Gutes zu tun.

So wenden wir uns dem Teil der Kantate zu,
den wir noch hören werden.
Das Klopfen vor allem ist nicht zu überhören.
Ein gleichmäßiges Zupfen der Saiten.
Jesus selbst klopft an. Jetzt kommt er nah.

Es ist dringend nötig, um den Segen für Kanzel und Altar zu bitten.

Nun steht er vor der eigenen Tür.

Er klopft an.

Da kann man einen Schreck bekommen.

Das Herz klopft aus Panik.

Alles mögliche schießt einem durch den Kopf:

Kenne ich den, der da kommt? Soll ich ihn einlassen? Darf er sehen, wie es bei mir aussieht? Kann ich ihm vertrauen? Was hat er vor mit mir?

Wer ihn nicht oder nur wenig kennt, der kann aus der Bahn geworfen werden.

Aber es soll ihm nicht ergehen, wie wenn der Geist des Komturs an die Tür pocht, um den Verführer seiner Tochter zur Rede zu stellen. Böse Geister überfallen uns. Sie nutzen Anknüpfungspunkte im schlechten Gewissen, im Wunsch nach Geltung, in Neid oder Angst. Sie finden uns wehrlos.

Bei diesem, der anklopft, ist das anders.

Er fällt nicht mit der Tür ins Haus. Er will freiwillig eingelassen werden durch die Herzenstür.

Jetzt singe ich in der Sopranarie. Mein Herz erschrickt nicht. Es klopft ja der, den es erwartet. Vielleicht hat es einen Moment der Sorge wegen sich selbst. Aber es weiß, dass das unnötig ist. Es kommt kein Detektiv, der in alle dunklen Ecken leuchtet und ungerührt alle Fehler aufdeckt.

Es kommt einer, der meine Erdhaftigkeit kennt und barmherzig aufnimmt. Er darf meinem Herzen nahe kommen. Da, wo ich selten jemandem Einlass gewähre, nur besonders wertvollen Personen in besonders wertvollen Momenten.

Er klopft, mein Herz klopft, vielleicht auch sein Herz, denn sein lebendiges Herz ist beteiligt. Ihm liegt an mir.

Er kommt zum Essen, aber das Abendmahl ist er ja selbst. So will er eingehen bei mir. Schmeck und sieh, körperlich, sinnlich, wie freundlich der Herr ist.

Sein Klopfen wird mit einem Liebeslied beantwortet. Eine einzelne weibliche Stimme singt beinahe naiv, herzinnig, auch die Begleitung nur zart instrumentiert. Das Herz sehnt sich nach seinem Liebhaber, bereitet sich auf ihn vor und freut sich auf sein Kommen.

Selbstzweifel können eine Liebende befallen: Bin ich seiner würdig? Natürlich nicht. Ich bin nur Staub und Erde – er der Heiland vom Himmel.

Ich habe irdische Bedürfnisse und Sorgen, die ihm widersprechen.

Um so größer ist nun der Überschwang. Ich bin trotzdem geliebt. Um meiner selbst willen klopft er und trotz allem, was gegen mich spricht. Alle Gegenargumente zeigen ja nur, wie groß seine Liebe sein muss. O wie selig seine Lust zu sein. Nun ist die Erwartung ungeduldig.

Der Schlusschoral lässt das virtuos und mit vollen Kräften laut werden.

Wir sind nicht in der Oper, auch wenn wir die Regungen des sehnenden Herzens so wunderbar vorgesungen bekommen. Es ist mehr als Musiktheater, das wir betrachten können und beklatschen oder ausbuhen.

Der Herr klopft an. Er will, dass seine Liebe in dir stark wird, die Gotteskraft zum Leben. Er steht vor deiner Herzenstür. Ob sie geöffnet wird, ist in der Kantate keinen Moment fraglich – und bei dir?

Einleitung zu den Zeichenhandlungen
Die Gemeinde nimmt den Schlusschor der Kantate auf, indem sie die erste Strophe des

Liedes O Heilger Geist, kehr bei uns ein (EG 130) singt.

Danach tritt der Liturg ans Lesepult und spricht folgende Worte:

Advent.
Unser Herr kommt.
Nur, weil er gekommen ist,
gibt es die Kirche – die christliche Gemeinde.

Nur, weil er *immer wieder* zu uns kommt,
leben wir:
aus seinem Wort,
und aus der Gemeinschaft
mit ihm
und untereinander.

Heute, am Beginn eines neuen Kirchenjahres,
wollen wir uns dessen vergewissern.
Wir wollen uns vorbereiten auf sein Kommen.
Wir legen die Heilige Schrift auf die Kanzel –
als sichtbares Zeichen seines Wortes,
das frei macht
und zum Leben hilft.
Und wir bereiten den Altar
mit einer frischen Decke und neuen Kerzen –
als sichtbares Zeichen
seiner Einladung
zur Gemeinschaft an seinem Tisch.

„Komm, Jesu, komm zu deiner Kirche
und gib ein selig neues Jahr!
Befördre deines Namens Ehre,
erhalte die gesunde Lehre
und segne Kanzel und Altar!"

ZEICHENHANDLUNG an der Kanzel

*Der Liturg nimmt eine möglichst repräsentative bzw. als
solche auch aus der Ferne gut erkennbare Bibel – wo vor-
handen, die Altarbibel – und bringt sie für die Gemeinde
deutlich sichtbar (d.h. am besten sie wie ein Evangeliar
präsentierend) zur Kanzel. Er betritt die Kanzel, legt die
Bibel ab und schlägt sie auf. Dann spricht er das folgende
Gebet:*

Herr Jesus,
komm zu deiner Kirche.
Lass auch im neuen Kirchenjahr

dein Licht mit vollem Segen scheinen:
dass dein Wort hörbar wird in unseren Worten,
dass wir aufmerksam sind für das,
was du uns sagen willst,
dass wir es annehmen und danach leben.
Dir sei Ehre, Herrlichkeit und Lob.
Amen.

ZEICHENHANDLUNG am Altar

*Der Liturg geht zum Altar. Ihm folgen einige Helfer
(Küster, Kirchenvorsteher, Konfirmanden o.a.; die Zahl
hängt von der Menge der Altarkerzen ab). Auf dem
Altar sollten sich zu diesem Zeitpunkt nur die Decke, die
Kerzen, das Gottesdienstbuch und ggf. eine Vase mit
Blumen befinden; alles, was später zum Abendmahl be-
nötigt wird, steht auf einem kleinen Tisch in Reichweite.
Darauf liegen auch eine frische Altardecke und neue
Kerzen. Der Liturg nimmt nacheinander das Gottesdienstbuch, ggf. die Blumenvase, die brennenden Kerzen
und die Decke vom Altar und übergibt sie an die Helfer
(Vorsicht, flüssiges, heißes Wachs!), die mit diesen Dingen
in den Händen zunächst an ihrem Platz stehen bleiben.
Der Liturg nimmt die frische Decke vom Tisch und legt
sie auf den Altar. Dann nimmt er die neuen Kerzen,
entzündet sie an den alten und stellt sie auf ihre Leuchter. Er legt er das Gottesdienstbuch wieder an seinen
Platz und stellt nun alles auf den Altar, was fürs Abendmahl benötigt wird. Das Abendmahlsgerät wird wie
üblich mit einem Tuch abgedeckt. Als Letztes kommen
die Blumen dazu. Währenddessen bringen die Helfer die
alte Decke und die Kerzen in die Sakristei und gehen
dann an ihren Platz zurück. Wenn der Altar fertig vorbereitet ist, spricht der Liturg das folgende Gebet:*

Herr Jesus,
komm zu deiner Kirche.
Lass auch im neuen Kirchenjahr
dein Licht mit vollem Segen scheinen,

dass alle, die sich um diesen Tisch versammeln
Gemeinschaft erfahren,
Vergebung empfangen,
neue Kraft kriegen:
für ihren Glauben
und für ihr Leben.
Dir sei Ehre, Herrlichkeit und Lob.
Amen.

LIED Nun komm, der Heiden Heiland (EG 4, 1–5)

KANTATE

4. Rezitativ Bass
Siehe, ich stehe vor der Tür und klopfe an.
So jemand meine Stimme hören wird und die Tür
auftun,
zu dem werde ich eingehen
und das Abendmahl mit ihm halten und er mit mir.

5. Arie Sopran
Öffne dich, mein ganzes Herze,
Jesus kömmt und ziehet ein.
Bin ich gleich nur Staub und Erde,
Will er mich doch nicht verschmähn,
Seine Lust an mir zu sehn,
Dass ich seine Wohnung werde.
O wie selig werd ich sein!

6. Choral
Amen, amen!
Komm, du schöne
Freudenkrone,
bleib nicht lange!
Deiner wart ich mit Verlangen.

LIED O Heilger Geist, kehr bei uns ein (EG 130, 1)

HINFÜHRUNG ZUM ABENDMAHL

GABENBEREITUNG, dabei

LIED O komm, o komm, du Morgenstern (EG 19, 1)

DIALOG

Liturg
Wenn die Lichter an sind,
und das Haus ist voll,
und es wird gelacht,
und alles ist gut …

Stimme
Siehe, ich stehe vor der Tür und klopfe an.

Liturg
Wenn das Licht schwach ist,
und das Haus ist still,
und die Gespräche sind intensiv,
und die Luft ist voll Erwartung und Spannung …

Stimme
Siehe, ich stehe vor der Tür und klopfe an.

Liturg
Wenn die Lichter aus sind,
und das Haus ist traurig,
und die Stimme voll Sorgen,
und nichts scheint richtig …

Stimme
Siehe, ich stehe vor der Tür und klopfe an.

Liturg
Und heute,
in diesem Augenblick,
wie an jenem Abend,
– als wäre da niemand anders,
kein anderes Haus,
keine andere Tür …

Stimme
Siehe, ich stehe vor der Tür und klopfe an.

GEBET

Liturg
Komm, Herr Jesus.
Sei unser Gast.
Bleib bei uns.

Bring deine Armut in unser Haus,
damit wir reich werden.

Bring in unser Haus deine Bereitschaft zu leiden,
damit wir an deinem Leiden und an deiner Freude
teilhaben.

Bring in unser Haus dein Verständnis für uns,
damit wir lernen, uns selbst und die anderen besser zu
verstehen.

Bring in unser Haus alle, die du bei dir hast,
damit wir dich als den Heiland aller Menschen
kennenlernen.

Bring in unser Haus deinen Heiligen Geist,
damit wir deine Wohnung werden.

Sei mitten unter uns, wenn wir jetzt miteinander
feiern,
wie du es einst geboten hast.

EINSETZUNGSWORTE

VATERUNSER

AGNUS DEI
O komm, du Sohn aus Davids Stamm (EG 19, 2)
oder ein traditionelles Agnus Dei

O komm, du Sohn aus Davids Stamm,
du Friedensbringer, Osterlamm.

Von Schuld und Knechtschaft mach uns frei
und von des Bösen Tyrannei.
Freut euch, freut euch, der Herr ist nah.
Freut euch und singt Halleluja.

FRIEDENSGRUSS
Wir richten uns nach dem Friedensbringer aus,
indem wir einander ein Zeichen des Friedens geben:
Friede sei mit dir!

KOMMUNION

DANKGEBET

FÜRBITTEN

ENTLASSUNG UND SEGEN

MUSIK ZUM AUSGANG

Jesus schläft, was soll ich hoffen?
(BWV 81)
Vierter Sonntag nach Epiphanias

Jochen Arnold

Ein Beispiel mit entfalteter Klage
und Musik von J.S. Bach

Vorbemerkung

Das hier entworfene Beispiel macht ein liturgisches Angebot
für einen Kantatengottesdienst mit Bachs Kantate „Jesus
schläft, was soll ich hoffen?" vom 30. Januar 1724. Besonders
sprechend ist diese Musik in einer Not- oder Katastrophen-
situation, sie könnte aber auch in Auszügen bei einer Beerdigung oder Trauerfeier eingesetzt werden.

Das Formular orientiert sich an Grundform 2 des Evange-
lischen Gottesdienstbuches, eine freie Begrüßung wird dann
vorangestellt, wenn es sich tatsächlich um eine besondere
(Katastrophen-)Situation handelt. Die Predigt sollte in der
Mitte der Kantate vor dem Zuspruch durch das Jesuswort
(Satz 4) stehen.

Übersicht

Schritt 1: Gott unser Leid klagen

BEGRÜSSUNG

VOTUM

KLAGE

PSALMGEBET
  Psalm 13 (von allen gesprochen) oder

PSALMLIED
  (EG Württ., 598, 1–3, gesungen oder gesprochen)

EPISTELLESUNG
  Römer 8, 19–23 (Das ängstliche Harren der Kreatur)

LIEDSTROPHE
  Hilf mir, mein Gott!

Schritt 2: Trost finden durch Wort und Musik

EVANGELIUMSLESUNG
  Matthäus 8, 23–25 (Stillung des Sturms)

KANTATE (1–3)

LIEDSTROPHE
  Sieh, wie die Wellen tosend wühlen

(EVANGELIUMSLESUNG
  Matthäus 8, 23–25 fakultativ)

PREDIGT

KANTATE (4–7)

ALTTESTAMENTLICHE LESUNG
  Jesaja 54, 7f–10

APOSTOLICUM
  gesprochen oder gesungen (EG 355, 3)

Schritt 3: Gestärkt in den Alltag gehen

FÜRBITTENGEBET

VATERUNSER

LIED Bewahre uns, Gott (EG 171, 1–4)

SEGEN

SCHLUSSHORAL (evtl. mit Gemeinde)

Ablauf mit Bausteinen

Schritt 1: Gott unser Leid klagen

BEGRÜSSUNG

Wir sind sprachlos angesichts dessen, was (gestern/letzte Woche) in xxx geschehen ist. Wir können nicht verstehen, warum Gott das zugelassen hat. Dennoch, nein gerade deshalb, sind wir versammelt zum Gottesdienst, um Gottes Namen anzurufen und sein Wort zu hören.

VOTUM

Im Namen Gottes, des Vaters und des Sohnes und des Heiligen Geistes.
Alle: Amen.

KLAGE

Liturg:
Dunkel ist es um mich. Ich sehe keinen Ausweg.
Denn tiefes Leid erschüttert mich.
Warum lässt du das zu?
Höre mein Klagen, Gott!
Ich denke an dich und fühle mich dennoch verlassen.
Ich möchte dir vertrauen und habe trotzdem Angst.
Ich rede zu dir und weiß nicht, ob du mich hörst.
Höre mich, höre uns,
erhöre uns, Gott, wenn wir zu dir rufen!

PSALMGEBET

Psalm 13 (von allen gesprochen) oder

PSALMLIED

(EG Württ., 598, 1–3, gesungen oder gesprochen)

1. Wie lange willst du mein vergessen,
   warum erhörst und hilfst du nicht?
   Wie lang noch ist die Frist bemessen,
   da du verbirgst dein Angesicht?

2. Wie lange muss ich Schmerzen tragen
In meiner Seele, Tag für Tag?
Wie lang noch willst du mir versagen
den Trost, dran ich mich freuen mag?

3. Schau doch, eh mir die Augen brechen,
Herr, sende deines Lichtes Strahl!
Erhör mich, denk an dein Versprechen
und wende meine Angst und Qual!

EPISTELLESUNG
Römer 8, 19–23 (Das ängstliche Harren der Kreatur)

LIEDSTROPHE
(von Eugen Eckert nach der Melodie: EG 369,
4/4-Takt)

Hilf mir, mein Gott! Denn Leib und Seele
vergehen schier vor Todesangst.
Mir reicht das Wasser bis zur Kehle –
du, der du Sturm und Meer bezwangst,
hilf jetzt auch mir, die Not ist groß:
Komm, halt mich fest, und lass nicht los.

Schritt 2: Trost finden durch Wort und Musik

EVANGELIUMSLESUNG
Matthäus 8, 23–25 (Stillung des Sturms)

KANTATE

1. Arie Alt
Jesus schläft, was soll ich hoffen?
Seh ich nicht
Mit erblasstem Angesicht
Schon des Todes Abgrund offen?

2. Rezitativ Tenor

Herr! warum trittest du so ferne?
Warum verbirgst du dich zur Zeit der Not,
Da alles mir ein kläglich Ende droht?
Ach, wird dein Auge nicht durch meine Not beweget
So sonsten nie zu schlummern pfleget?
Du wiesest ja mit einem Sterne
Vordem den neubekehrten Weisen,
Den rechten Weg zu reisen.
Ach leite mich durch deiner Augen Licht,
Weil dieser Weg nichts als Gefahr verspricht.

3. Arie Tenor

Die schäumenden Wellen von Belials Bächen
Verdoppeln die Wut.
Ein Christ soll zwar wie Felsen stehn,
Wenn Trübsalswinde um ihn gehn,
Doch suchet die stürmende Flut
Die Kräfte des Glaubens zu schwächen.

LIEDSTROPHE

(von Eugen Eckert, Melodie: EG 369)

Sieh, wie die Wellen tosend wühlen,
der Boden wankt, es schwankt der Grund.
Sieh, wie mich Gischt und Flut umspülen,
und hör den Schrei aus meinem Mund:
Zum Halse mir die Wasser stehn,
lass mich, mein Gott, nicht untergehn.

(EVANGELIUMSLESUNG
Matthäus 8, 23–25 fakultativ)

PREDIGT

KANTATE

4. Arioso Bass
Jesus: „Ihr Kleingläubigen, was seid ihr so furchtsam?"

5. Arie Bass
Schweig, aufgetürmtes Meer!
Verstumme, Sturm und Wind!
Dir sei dein Ziel gesetzet,
damit mein auserwähltes Kind
kein Unfall je verletzet.

6. Rezitativ Alt
Wohl mir, mein Jesus spricht ein Wort,
mein Helfer ist erwacht,
so muss der Wellen Sturm, des Unglücks Nacht
und aller Kummer fort.

7. Choral
Unter deinen Schirmen
bin ich vor den Stürmen
aller Feinde frei.
Lass den Satan wittern,
lass den Feind erbittern,
mir steht Jesus bei.
Ob es itzt gleich kracht uns blitzt,
ob gleich Sünd und Hölle schrecken,
Jesus will mich decken.

ALTTESTAMENTLICHE LESUNG
Jesaja 54, 7f–10

Gott spricht: Siehe ich habe dich einen kleinen Augenblick verlassen,
aber mit großer Barmherzigkeit will ich dich sammeln.
Ich habe mein Angesicht im Augenblick des Zorns ein wenig vor dir verborgen,
aber mit ewiger Gnade will ich mich dein erbarmen,
spricht Gott.

Denn es sollen wohl Berge weichen und Hügel hinfallen, aber meine Gnade soll nicht von dir weichen und der Bund meines Friedens soll nicht hinfallen,
spricht der Herr, dein Erbarmer.

gesprochen oder gesungen (EG 355, 3)

Das muss ich dir, mein Gott, bekennen,
das rühm ich, wenn ein Mensch mich fragt.
Ich kann es nur Erbarmung nennen,
so ist mein ganzes Herz gesagt.
Ich beuge mich und bin erfreut
Und rühme die Barmherzigkeit.

Schritt 3: Gestärkt in den Alltag gehen

FÜRBITTENGEBET
Jesus, du Herr über Sturm und Tod!
Durch den Schrei deiner Jünger auf stürmischem Wasser
hast du dich wecken lassen, höre auch unser Gebet.
In vielen Ländern gibt es keine Gerechtigkeit.
Wie lange soll das so weitergehen?
In vielen Ländern herrscht Verfolgung und Gewalt.
Die Armen sind es müde zu schreien.
Viele Länder werden von Katastrophen heimgesucht.
Unschuldige Menschen müssen sterben.
Rette die Armen,
richte auf die Niedergeschlagenen,
brich die Ketten der Unterdrückten und
lindere die Not der Obdachlosen und Kranken.
Denn Du hast gesagt: Ich lebe, und ihr sollt auch leben.
Darauf vertrauen wir, wenn wir gemeinsam beten:

VATERUNSER

LIED Bewahre uns, Gott (EG 171, 1–4)

SEGEN

Der Herr segne dich und behüte dich …

SCHLUSSCHORAL (evtl. mit Gemeinde)

Unter deinen Schirmen
bin ich vor den Stürmen
aller Feinde frei.
Lass den Satan wittern,
lass den Feind erbittern,
mir steht Jesus bei.
Ob es itzt gleich kracht uns blitzt,
ob gleich Sünd und Hölle schrecken,
Jesus will mich decken.

Nimm, was dein ist, und gehe hin (BWV 144)

Septuagesimä

Dorothee Löhr (Predigt)

Theologische Vorbemerkungen

Bachs Kantate über die Arbeiter im Weinberg ist in ihrer
Aussage relativ schlicht. Der Inhalt ist schnell zusammenge-
fasst: Genügsamkeit! Das ist kein Schaden. Der Kantatentext muss ja nicht immer eine mühsame Herausforderung
für alle Beteiligten sein. Die Kantate ist auf diese Weise kirchenjahreszeitlich nicht festgelegt und im Grunde jederzeit
verwendbar. Das Evangelium Mt 20 ist anschaulich. Es kann
als Predigttext dienen, auch eine Themenpredigt ist denkbar
oder eine Liedpredigt über einen der beiden Choräle, aus
denen Strophen in der Kantate aufgenommen sind: „Was
mein Gott will, das gscheh allzeit" (EG 364) oder „Was Gott
tut, das ist wohlgetan" (EG 372). Entscheidet man sich für
das Evangelium von den Arbeitern im Weinberg, so ist eine
Verbindung mit dem Kindergottesdienst oder eine Einbe-
ziehung des Kinderchores denkbar.

A. D.

Kirchenmusikalische Vorbemerkungen

Diese Kantate ist wegen ihrer Dauer von einer Viertelstunde
ideal für die zeitlichen Dimensionen eines heutigen Gottesdienstes. Der Chor hat eine zweiminütige, technisch gut zu
bewältigende Eingangsfuge und zwei Choräle zu singen.
Damit hat die Kantate den praktischen Vorteil, dass sie etwa

für einen Festgottesdienst schnell geprobt werden kann, wenn der Chor eigentlich gerade mit einem umfangreicheren anderen Ziel beschäftigt ist, oder dass sie als Mitsingprojekt gestaltet werden kann (s.u. „Tipps von A bis Z"). Andererseits kann die geringe Beschäftigung von Chor und Instrumentalisten auch ein Nachteil sein. In dem Fall könnte man noch ein anderes Werk als Eingangs- oder Ausgangsmusik aufführen.

Die Musik ist Spielern wie Hörern leichter zugänglich als andere Bachkantaten. Wollte Bach auch mit musikalischen Mitteln Genügsamkeit und Zufriedenheit ausdrücken?

A. H.

Übersicht

MUSIK ZUM EINGANG

LIED Die güldne Sonne (EG 449, 1.6.8.10)

BEGRÜSSUNG

PSALM 31 im Wechsel

GLORIA PATRI

KYRIE

GLORIA IN EXCELSIS

SALUTATIO

GEBET

LIED
   Was Gott tut, das ist wohlgetan (EG 372, 1.2.4)
   im Satz von J.S. Bach

PREDIGT I

KANTATE (1–3)

LESUNG
   Evangelium Matthäus 20, 1–16
   (Die Arbeiter im Weinberg)

VERABSCHIEDUNG DER KINDERGOTTESDIENSTKINDER

KANTATE (4–6)

PREDIGT II

GLAUBENSBEKENNTNIS

LIED
   Gib dich zufrieden und sei stille (EG 371, 1–2.14–15)

(ABKÜNDIGUNGEN)

LIED
   In Gottes Namen fang ich an (EG 494, 1.2.6)

FÜRBITTEN

VATERUNSER

SEGEN

LIED
   Was mein Gott will, das gscheh allzeit (EG 364, 2)
   im Satz von J.S. Bach

Ablauf

MUSIK ZUM EINGANG mit Orchester

LIED Die güldne Sonne (EG 449, 1.6.8.10)

BEGRÜSSUNG

PSALM 31 im Wechsel

GLORIA PATRI

KYRIE

GLORIA IN EXCELSIS

SALUTATIO

GEBET

LIED

> Was Gott tut, das ist wohlgetan (EG 372, 1.2.4)
> im Satz von J.S. Bach

PREDIGT I

Johann Sebastian Bach war gerade nach Leipzig umgezogen, als er die Kantate 1724 komponierte. Es ist eine richtige Umzugskantate! „Nimm, was dein ist und gehe hin, gehe hin", diese musikalische Aufforderung bekräftigt für mich den Ruf und die Wahl der evangelisch reformierten Kirche in Hamburg, sie hat mich von Bonn nach Hamburg gezogen, und nicht nur mich, schon viele vor mir sind diesem Ruf gefolgt, und heute viele gleichzeitig – so will die Musik uns allen predigen: Murre nicht, dass sich etwas verändert, es kommt noch etwas besseres, Gott fängt mit uns gemeinsam etwas Neues an; Genügsamkeit – Fügung sind die etwas barocken Worte solch einer Lebenshaltung, und so wird selbst das Murren fürsorglich eingebettet in eine Melodie!
Murre nicht, lieber Christ! Was Gott tut, das ist wohlgetan!

KANTATE

> *1. Chor*
> Nimm, was dein ist, und gehe hin!

> *2. Arie Alt*
> Murre nicht,
> Lieber Christ,
> Wenn was nicht nach Wunsch geschicht;
> Sondern sei mit dem zufrieden,

Was dir dein Gott hat beschieden,
Er weiß, was dir nützlich ist.

3. *Choral*
Was Gott tut, das ist wohlgetan,
Es bleibt gerecht sein Wille;
Wie er fängt meine Sachen an,
Will ich ihm halten stille.
Er ist mein Gott,
Der in der Not
Mich wohl weiß zu erhalten:
Drum lass ich ihn nur walten.

LESUNG
Die Aufforderung gegen das Murren stammt aus dem
Gleichnis von den Arbeitern im Weinberg. Da lesen
wir, dass Gott nicht alles alleine macht, sondern immer
aufs Neue viele Mitarbeiter sucht. Sein Weinberg ist
auf Zuwachs angelegt. Wir hören das

EVANGELIUM
Matthäus 20, 1–16 (Die Arbeiter im Weinberg)

KANTATE

4. *Rezitativ Tenor*
Wo die Genügsamkeit regiert
Und überall das Ruder führt,
Da ist der Mensch vergnügt
Mit dem, wie es Gott fügt.
Dagegen, wo die Ungenügsamkeit das Urteil spricht,
Da stellt sich Gram und Kummer ein,
Das Herz will nicht
Zufrieden sein,
Und man gedenket nicht daran:
Was Gott tut, das ist wohlgetan.

5. Arie Sopran

Genügsamkeit
Ist ein Schatz in diesem Leben,
Welcher kann Vergnügung geben
In der größten Traurigkeit,
Genügsamkeit.
Denn es lässet sich in allen
Gottes Fügung wohl gefallen
Genügsamkeit.

6. Choral

Was mein Gott will, das gscheh allzeit,
Sein Will, der ist der beste.
Zu helfen den'n er ist bereit,
Die an ihn glauben feste.
Er hilft aus Not, der fromme Gott,
Und züchtiget mit Maßen.
Wer Gott vertraut, fest auf ihn baut,
Den will er nicht verlassen.

PREDIGT II

Liebe Mitarbeiter im Weinberg des Herrn!

Wir wissen zwar, dass es im Weinberg des Herrn sonderbar zugeht, die meisten von uns sind heute ja nicht zum ersten Mal in der Kirche. Wir wissen, bei allen verschiedenen Aufgaben und trotz vieler verschiedener Lagen und Sorten der Christenheit im Weinberg des Herrn: Wir gelten hier alle gleich viel, Mann und Frau, Bürger, Bauer, Bettelmann, Präses, Prediger, Professor. Die ständische Ordnung der Gesellschaft, die es durch Ansehen, Besitz, Verwandtschaftsverhältnisse und Bildungsstände auch nach dem Ende der Ständegesellschaft gibt, sie hat eigentlich auf diesem Weinberg keine Gültigkeit, und das nun schon seit 2000 Jahren.

Und doch lässt mir diese Geschichte jedes Mal wieder innerlich das Messer in der Tasche aufgehen. Ich weiß zwar, dieses Gleichnis ist kein Beitrag zum Thema Arbeit, keine Anregung zum christlichen Arbeitsrecht. Aber warum knüpft

86

Jesus dann im Gleichnis an die Arbeitswelt an, warum holt er uns mit seinem Einheitslohn bei unserem Gerechtigkeitsempfinden ab, als ob er uns extra provozieren wollte?

Ich vermute, er will uns als guter Pädagoge reizen, um uns etwas beizubringen: Vielleicht so: Das Ziel ist guter Wein für alle, geistvoller Lebenssaft. Der muss immer neu gekeltert, ausgeschenkt und nachgemacht werden. Der Lohn Gottes ist das Leben. Gottes Lohn hat nichts mit Leistung, Verdienst und Arbeitsrecht zu tun. Ja, Gotteslohn ist für alle gleich. Gottes Lohn ist unser Leben in der Gemeinschaft mit Gott. Wie wertvoll oder wie arm es uns erscheinen mag: Gottes Lohn für die Menschen ist die Würde, Mensch zu sein. Sie könnte deshalb bei Christen auch Gotteswürde heißen. Denn diese Würde kann niemand schenken außer Gott und diese Würde kann niemand absprechen. Man kann sie vergessen, man kann sie verachten, mit Füßen treten, aber sie geht auch dann nicht verloren, selbst im Sterben nicht. Davon weiß Jesus ein Lied zu singen.

Jesus will uns also an etwas Weltfremdes erinnern, die Gotteswürde, und er will uns etwas über Gottes Lohn beibringen, das Leben in seiner Gemeinschaft. Und so erzählt er von der merkwürdigen und fremdartigen Gerechtigkeit Gottes.

Damit nimmt Jesus einen gesamtbiblischen Erzählfaden auf. Schon bei den Erzvätern kommt diese Ungerechtigkeit Gottes zum Tragen: Er bevorzugt die Letzten und stößt damit die Ersten vor den Kopf, nicht um die Ersten auszuschließen, sondern um die Letzten mit einzubeziehen, nicht an Esau, sondern an Jakob zeigt sich Gottes Heilswillen, nicht mit dem älteren rechtmäßigen Erben und Lieblingssohn schreibt Gott Geschichte, sondern mit dem jüngeren. Nicht mit den großen bedeutenden Völkern, sondern mit dem unbedeutenden Israel, nicht mit den Gerechten, sondern mit den Sündern. Beim Gleichnis vom verlorenen Sohn haben wir's gehört und jetzt wieder:

Drei verschiedene Arbeitsgruppen bekommen für ungleiche Arbeit den gleichen Lohn, weil es Gotteslohn ist, und der ist für alle Menschen gleich. Es ist das Geschenk der Gemeinschaft mit Gott, das unser Leben würdig und menschlich macht.

Und nun kommen im Laufe der Ernte immer mehr Leute dazu, es ist offensichtlich genug Arbeit da, kein Wort hören wir darüber, warum wer zuerst da war, die Kurzzeitarbeiter – sind es vielleicht Drückeberger? – und ihre Situation kommen nicht in den Blick.

Aber am Abend kommt die aufreizende Anweisung an den Verwalter: Fang mit diesen Letzten an! Warum macht er das, warum kann er nicht ein bisschen empfindsamer sein, gruppendynamischer sozusagen? Hätte er die Lohnauszahlung nicht etwas verschwiegener, geschickter, diplomatischer erledigen können? Nein, er macht's extra anders:

Denn an den Letzten wird am deutlichsten, worum es geht: Man kann sich nicht einkaufen ins Himmelreich und sich einen hierarchischen Platz verdienen. Lohn in unserem Sinne, also als Maß für Leistung, ist bei Gott absurd. Gott erwählt gnädig ohne allen Verdienst.

Zwar sind die Arbeiter verschieden:

Da gibt's welche, die nur für ein paar Stunden zur Abwechslung mit Hand anlegen wollen, weil sie ansonsten schon woanders engagiert sind, wir müssen auch damit rechnen, dass Leute wegbleiben oder nur kommen, wenn wir sie bitten auf dem Markt der Öffentlichkeit, und dass Leute kommen, die nur Wein kaufen, aber nicht machen wollen, vielleicht kommen auch welche, die gar nicht erst aufs Etikett schauen, auch nicht wissen wollen, was drin ist, Hauptsache, es duftet angenehm. Oder wieder welche, die sich am Wein berauschen und sich mit ihren besonderen Erleuchtungen groß tun.

Wer länger dabei ist, rechnet auch mit dieser gewissen Zufälligkeit in der Zusammensetzung der Mitarbeiterschaft, der unterschiedlichen Leistungsfähigkeit und Leistungsbereitschaft. Und in der Zusammenarbeit merken wir, dass auch die eigene Leistungskurve schwankt, dass man auch mal zweifelt, ob die Mitarbeit überhaupt Sinn hat.

Aber daran dürfen wir uns nicht stören. Der Herr des Weinbergs ist im Zweifel großmütiger und langmütiger als seine Mitarbeiter.

Und das heutige Evangelium interessiert sich nicht so sehr für die menschlich problematischen Seiten der Mitarbeiter. Es lenkt unseren Blick kritisch liebevoll auf die guten treuen Langzeitarbeiter:

Denn auch die Langzeitarbeiter haben ein Problem, sie sind im Begriff eine Rechnung aufzumachen, die sie auf die falsche Fährte lockt. So wie der Vater nicht nur dem verlorenen Sohn sich zuwendet, sondern auch dem älteren entgegengeht, so auch bei den Langzeitarbeitern:

Guter Gnadenlohn ist die Ausgangssituation zwischen ihnen und dem Herrn des Weinbergs gewesen. Alles fängt nämlich mit einem Bund zwischen Gott und dem Menschen an. Der Herr wurde mit den Arbeitern bei Sonnenaufgang einig für den ganzen Tag. Da klingt noch alles zusammen – symphonein ist das griechische Wort. Übereinkunft und gemeinsame Musik wie eine Symphonie erklingt am Anfang der Geschichte.

Die Langzeitarbeiter haben das im Eifer der Hitze vergessen, sie haben sich, was das Himmelreich angeht, verrechnet. Sie meinen, bei ihnen sei der Lohn anders zusammengesetzt als bei den Kurzarbeitern: 100 % Verdienst – jedenfalls fast – und 0 % Gnade – jedenfalls fast –, aber bei den anderen: 0 % Verdienst und 100 % Gnade. Und diese falsche Rechnung verfinstert ihre Perspektive, sie haben die Neidbrille auf, und diese Art zu gucken macht krank, finster, blind und taub.

Sie fangen an zu schielen und zu murren, hören nicht mehr die ursprüngliche Symphonie der Gnade und sehen nicht mehr den alten Bund der Barmherzigkeit. Und damit ersticken sie im Keim, was aus dem Bund Gottes mit den Arbeitern seines Weinberges wachsen könnte, die klare Erkenntnis Gottes und der Menschen, die gute Nachricht vom Leben, Früchte des Glaubens: Liebe, Mitfreude und Dankbarkeit dafür, dass viele Mitarbeiter gebraucht werden im Weinberg Gottes.

Aber der Herr des Weinbergs lenkt ihre Blicke und ihr Ohr gnädig zurück zur Symphonie der Güte: Siehst du so scheel, weil ich so gütig bin?

Und damit wird klar, wir können nicht über den Gnadenlohn verfügen ohne das Gnadenwort. Ohne das Wort vom Anfang stimmt die Musik nicht, und ohne das Ziel, ohne den reinen Wein des Evangeliums, in Gemeinschaft gekeltert, ausgeteilt und getrunken, ohne geschwisterliche Zusammenarbeit kommt ein falscher Ton hinein, wird die Melodie falsch und verstummt vielleicht sogar in der ein oder anderen Parzelle des Weinbergs ganz.

Liebe Gemeinde, der Weinberg des Herrn ist aber auf Zuwachs angelegt seit 2000 Jahren, wir leben von dem, was andere vor uns, neben und nach uns tun, in dieser Perspektive wollen wir uns üben. Denn wenn wir zurückblicken auf den Bund Gottes mit den Menschen, selbst wenn wir die 400 Jahre der Geschichte der Hamburger reformierten Christen in den Blick nehmen, sind wir alle Zuwachs und das heißt, wir leben trotz allem von der Güte Gottes. Gott sei Dank ist das so, Amen!

GLAUBENSBEKENNTNIS

LIED
Gib dich zufrieden und sei stille (EG 371, 1–2.14–15)

(ABKÜNDIGUNGEN)

LIED
In Gottes Namen fang ich an (EG 494, 1.2.6)

FÜRBITTEN
Du unser Schöpfer, Herr der Zeiten und Generationen,
wir danken dir für alle deine Gaben,
für Feuer, Wasser, Luft und Erde,
für gutes Essen und Trinken,
für die Freundschaft, für die Musik,

für unsere Tätigkeiten und für das Ausruhen,
für friedliche Zeiten.
Es ist alle Zeit wie ein anvertrautes Land.
Wie viel versäumen wir davon,
und wie viel kann werden und wachsen auf einem Land,
über das die Sonne deines Erbarmens geht.

Gemeinsam rufen wir zu Gott: Herr, erbarme dich!

Du Tröster der Betrübten,
wache du mit denen,
die wachen oder weinen in dieser Nacht.
Hüte deine Kranken,
lass deine Müden ruhen,
segne deine Sterbenden,
tröste deine Leidenden,
erbarme dich deiner Betrübten,
gib Geduld den Genesenden
und sei mit den Fröhlichen.

Gemeinsam rufen wir zu Gott: Herr, erbarme dich!

Du Herrscher der Welt, wir bitten dich für unser Land,
für die Menschen,
die öffentlich und unerkannt Einfluss und Macht
haben,
für ein friedliches Europa.
Gib uns allen Zivilcourage, Gestaltungswillen
und deinen langen Atem.

Gemeinsam rufen wir zu Gott: Herr, erbarme dich!

Du Haupt deiner Gemeinde,
wir bitten dich für deine Kirche in der ganzen Welt,
auch dort, wo Christen verfolgt werden
und nicht die Freiheiten haben wie wir.
Weite unser ökumenisches Verständnis.
Stärke diese Gemeinde vor Ort.
Wir bitten dich um Verständnis
zwischen den Geschlechtern und Generationen.
Wir bitten dich für unsere Nachbarn und Nachkommen.

Zu dir bringen wir die Menschen, die wir lieb haben,
und auch die, an denen wir zu tragen haben.
Du allein schaust uns ins Herz
und findest auch unsere unerkannten Bitten …

VATERUNSER

SEGEN

LIED

Was mein Gott will, das gscheh allzeit (EG 364, 2) im
Satz von J.S. Bach mit Gemeinde, Chor und Orchester

Gottesdienstentwurf: A. D.

Bleib bei uns (BWV 6)

Ostermontag

Amélie Gräfin zu Dohna
Anke Holfter

Kirchenmusikalische Vorbemerkungen

Bachs zwanzigminütige Kantate zum Ostermontag kann auch an einem späteren Sonntag der Osterzeit aufgeführt werden, falls in den Schulferien kein singfähiger Chor zur Verfügung steht.

Die Besetzung will gut durchdacht sein: Der Eingangschor verlangt zwei Oboen und ein Englischhorn, die Tenoroboe. Das Englischhorn ist auch das Soloinstrument für die Altarie, kann aber gegebenenfalls – wie bei Bach in einer späteren Aufführung – durch eine Bratsche ersetzt werden.

Den dritten Choral „Ach bleib bei uns" hat Bach als Trio für Sopran, Violoncello piccolo und Generalbass komponiert. Das Violoncello piccolo – von Bach erfunden – war wahrscheinlich ein fünfsaitiges Instrument in Cellolage (Viola pomposa)[1], das aber wie eine Geige auf dem Arm gespielt wurde und für hochliegende virtuose Partien geeignet war. Heute gibt es selbst in Alte-Musik-Ensembles kaum Spieler dieses Instruments. In der Regel sollte ein professioneller Cellist die technisch anspruchsvolle Partie übernehmen. Ein Ersatz durch eine Bratsche ist nicht zu empfehlen.

---

1 Zu den verschiedenen Erscheinungsformen des Violoncello zur Zeit Bachs, also auch über die Viola pomposa, und zur Frage, welches Instrument Bach mit Violoncello piccolo bezeichnet, vgl.: Kai Köpp; „Vom Ensemble- zum Soloinstrument II: Das Violoncello" in: Bach-Handbuch, Bd. 4, Hg. Dominik Sackmann, Laaber 2009.

Ob der Sopran den Choral solistisch oder chorisch sang, ist unbekannt; jedenfalls ist beides gut möglich. Im unten dokumentierten Gottesdienst hat ihn ein Jugendchor gesungen – bei intonationssicheren Kindern oder Jugendlichen immer eine reizvolle Lösung. Der Choraltext steht unter „Sendung und Segen" als Nummer 246 im Gesangbuch, allerdings mit anderer Melodie („Erhalt uns, Herr, bei deinem Wort") als bei Bach. Bach hat diesen Kantatensatz für Orgel übertragen, in der Sammlung der Schübler-Choräle. Vielleicht kann der Organist den Schübler-Choral als Meditationsmusik nach der Predigt spielen, sofern diese nach dem Schlusschoral (Erhalt uns, Herr, bei deinem Wort, EG 193, 2) gehalten wird.

Theologische Vorbemerkungen

Diese Kantate ist für den Ostermontag komponiert. Allerdings ist der Text – bis auf den Eingangschor „Bleib bei uns" – kaum auf Ostern oder das Ostermontagsevangelium bezogen. So ist die Kantate auch für einen Gottesdienst an einem späteren Sonntag der österlichen Freudenzeit, sogar auch außerhalb dieser Kirchenjahreszeit denkbar.

Der Kantatentext ist im Sprachgestus des Gebets gehalten. Das Beten kann mit dieser Kantate zum Thema gemacht werden. Im Zitat aus der Offenbarung (2, 5) klingt die Endzeit an, weshalb die Kantate auch zum Ende des Kirchenjahres oder in die Adventszeit passen würde.

Vom Choral Nr. 3 ausgehend könnte „Ach bleib bei uns, Herr Jesu Christ" EG 246 als Predigttext dienen, jedoch nicht in der Osterzeit.

Wenn das Evangelium Lukas 24 bis Vers 29 b gelesen wird, dann setzt die Kantate es unmittelbar fort: „Bleib bei uns".

Für die Predigt sind verschiedene Orte im Gottesdienst möglich. Der Choral Nr. 3 bildet eine gewisse Zäsur, allerdings ist das Rezitativ Nr. 4 inhaltlich und stimmungsmäßig kein guter Wiedereinstieg nach der Predigt. Möglicherweise wäre eine Unterbrechung zwischen Satz Nr. 4 und 5 geeigneter. Wegen der Kürze der Kantate kann die Predigt aber auch an deren Ende stehen.

Der Kantatentext vollzieht wie das Evangelium einen Weg von der Dunkelheit zum Licht. Dies steht im übertragenen Sinn für den Durchbruch aus Sünde, Zweifel und Trauer zu Freude und Glaube. In diese Bewegung kann die Gemeinde hineingenommen werden, indem nach der Kantate das Credo gesprochen wird.

Anmerkungen eines Dichters

„Vorn zwei Oboen und eine Oboe da caccia, im Hintergrund Streicher und Continuo setzen mit dem Thema ein, das der Chor von Takt 24 an homophon wiederholt. Von den Wäldern atmet Kühle her. Wie schnell ist der Tag vergangen. Es hat sich eine Dämmerung aufgemacht; aus ihren Falten werden tiefere Finsternisse fallen. Wo einer fragt, werden andere keine Antwort wissen, und wo Antworten gegeben werden, werden Fragen warten. Mit Allabreve beginnt beschleunigt eine Chorfuge. Später schreitet der Alt in Ganztönen immer tiefer nach unten. Die Dunkelheit löscht die Gesichter aus, die Merkmale der Arbeit, die helleren Farben der Straßen; kein Fenster schimmert mehr, kein nachbarliches Haus, keine Siedlung wartet. Die Streicher beschreiben mit g – d – b – fis ein Kreuz. Bleibe bei uns."

(Stephan Hermlin)[2]

2 Abendlicht, Leipzig 1981, S. 7.

Übersicht

ORGELVORSPIEL

LIED
Frühmorgens, da die Sonn aufgeht (EG 111, 1.2.13–15)

BEGRÜSSUNG

PSALM 118 im Wechsel (Man singt mit Freuden vom Sieg)

GLORIA PATRI

KYRIE

GLORIA IN EXCELSIS

(SALUTATIO)

GEBET

VERABSCHIEDUNG DER KINDERGOTTESDIENSTKINDER

LIED
Auf, auf, mein Herz, mit Freuden (EG 112, 1–2.5–6)

LESUNG
Evangelium: Lukas 24, 13–29 b (Emmaus)

KANTATE (1–3)

PREDIGT

KANTATE (4–6)

LESUNG
Lukas 24, 29 c - 34 (Emmaus)

GLAUBENSBEKENNTNIS

LIED
Wir wollen alle fröhlich sein (EG 100, 1–5)

ABKÜNDIGUNGEN

LIED
Gelobt sei Gott im höchsten Thron (EG 103, 1–6)

GEBET

VATERUNSER

LIED Christ ist erstanden (EG 99)

SEGEN

EINGANGSCHOR Wiederholung

Ablauf

ORGELVORSPIEL

Johann Sebastian Bach: „Erschienen ist der herrlich Tag" aus dem „Orgelbüchlein"[3]

LIED

Frühmorgens, da die Sonn aufgeht (EG 111, 1.2.13–15)

BEGRÜSSUNG

Im Namen des Vaters und des Sohnes und des Heiligen Geistes. Amen.

In der Alten Kirche feierte man Ostern nicht nur an zwei Tagen wie heute oder an drei Tagen wie noch bis vor einigen Jahrzehnten, sondern eine ganze Woche lang – die sogenannte Osteroktav – acht Tage bis einschließlich zum nächsten Sonntag. So halten wir es dieses Jahr auch und feiern heute (Quasimodogeniti) noch einmal einen Ostergottesdienst mit der Kantate und dem Evangelium zum Ostermontag.

---

3 Falls der Gottesdienst nicht in der Osterzeit, sondern in einer dunkleren Kirchenjahreszeit stattfindet, kann man die Anwesenheit von Oboist oder Englischhornspieler nutzen für: Josef Rheinberger, „Abendfriede" op. 156, Nr. 10, bearbeitet von Peter Dicke für Englischhorn und Orgel, oder: Nocturne Es-Dur pour Hautbois et Piano ou Orgue von Marguerite Roesgen-Champion (gut transponierbar auch für Englischhorn).

Der Herr ist auferstanden – (Gemeinde antwortet:)
Er ist wahrhaftig auferstanden.

PSALM 118 im Wechsel (Man singt mit Freuden vom Sieg)

GLORIA PATRI

KYRIE

GLORIA IN EXCELSIS

(SALUTATIO)

GEBET

VERABSCHIEDUNG DER KINDERGOTTESDIENSTKINDER

LIED
>Auf, auf, mein Herz, mit Freuden (EG 112, 1–2.5–6)

LESUNG
>Evangelium: Lukas 24, 13–29 b
>(Auf dem Weg nach Emmaus)

KANTATE

>*1. Chor*
>Bleib bei uns, denn es will Abend werden,
>und der Tag hat sich geneiget.

>*2. Arie Alt*
>Hochgelobter Gottessohn,
>Lass es dir nicht sein entgegen,
>Dass wir itzt vor deinem Thron
>Eine Bitte niederlegen:
>Bleib, ach bleibe unser Licht,
>Weil die Finsternis einbricht.

3. *Choral Solo Sopran*

Ach bleib bei uns, Herr Jesu Christ,
Weil es nun Abend worden ist,
Dein göttlich Wort, das helle Licht,
Lass ja bei uns auslöschen nicht.

In dieser letzt'n betrübten Zeit
Verleih uns, Herr, Beständigkeit,
Dass wir dein Wort und Sakrament
Rein b'halten bis an unser End.

PREDIGT

Christus ist ein Frühaufsteher.
Des morgens früh am dritten Tag.
Er ist der Erste, der aufsteht.
Mit seinem Aufstehen wird es hell.
Neues Leben erwacht.
Der Herr ist auferstanden,
aber der neue Morgen ist noch nicht für alle angebrochen.
Selbst für die, die mit ihm gehen, will es Abend werden.
Trauer hüllt sie in Dunkelheit.

Hält der Glaube stand, wenn der Eine gegangen ist, den man
über alles liebt?

Beten.
Auch wenn kein Glaube da ist. Mit leerem Herzen –
trotzdem beten.
Auf das Wunder warten, dass Gott es im Herzen
wieder hell werden lässt.

Bleibe bei uns!
Die beiden auf dem Weg nach Emmaus wissen nicht,
dass sie mit Christus sprechen.
Sie glauben noch nicht an den Auferstandenen, aber sie
beten. Und selbst das ist ihnen in dem Moment nicht klar.

Bleib – ein langer Ton im Chor.
Das Bleiben soll Dauer haben. Es erfordert Geduld.

99

Hält der Angeredete bei denen aus, deren Glaube so begriffsstutzig ist?

Sie beten, wir beten.
Die ganze Kantate ist ein Gebet um das Osterlicht.
Sie geht mehrere Formen des Gebets durch:
Klage, Lob, Bitte.

Zuerst Klage. Sie wird in der Tiefe der Bassstimme laut.
„Drum hast du auch den Leuchter umgestoßen."
Die Offenbarung des Johannes hat das prophezeit:
„Tue Buße, wenn aber nicht, so werde ich über dich
kommen und deinen Leuchter wegstoßen von deiner
Stätte." (Offenbarung 2, 5)
In der Kantate ist die Strafe bereits erfüllt.
Wenn wir trauern, denken wir leicht: Gott hat uns gestraft.
Was haben wir falsch gemacht, was hat der Gestorbene falsch
gemacht?
Diese Fragen treiben noch tiefer in die Dunkelheit.
Wir finden keine Antwort.

Im Gebet der Kantate kommt auch Lob vor,
zumindest indirekt.
Der hochgelobte Gottessohn ist auf dem Thron.
Er hat Macht über die Finsternis.
Sein Wort ist das Licht und bringt uns das Licht.
Das wissen die Beter, auch wenn sie es im Moment
nicht erleben.
Es ist etwas zum Festhalten, wenn man wegen
der Dunkelheit keinen Ausweg sieht.

Hauptsächlich ist die Kantate vom Bittgebet bestimmt.
Bleibe bei uns, du lebendiger Herr, dass wir die Krise der
Nacht überstehen.
Führe uns den Morgen herauf. Dann sehen wir nicht mehr
nur die eigene Trauer.
Von der Umgebung nehmen wir wieder etwas wahr. Wir er-
kennen, dass wir nicht allein sind.
Da ist ein Weg.
Uns dämmert der Ostermorgen.

Lob, Klage und Bitte gehen in der Kantate durcheinander ohne logische Reihenfolge.
Unlogisch ist für uns die Abfolge von Licht und Dunkelheit.
Beides kann uns überfallen.

Wir sind heute morgen hier freundlich begrüßt worden;
wir haben das Lied „Auf, auf, mein Herz, mit Freuden" gesungen;
wir haben den fröhlichen Kinderauszug gesehen;
wir haben den Vers: „Der Herr ist mein Licht und mein Heil" gehört;
wir hören himmlische Musik;
wir sehen den festlich geschmückten Altar.
Sind das Gründe, dass es hell wird im Herzen?

Manchmal ja, manchmal nein.

All die Helligkeit kann es sogar in unserem Herzen noch dunkler machen. Wir sind erst recht traurig, weil wir uns im Moment von aller Freude ausgeschlossen fühlen.
Es muss einen viel stärkeren Grund geben, damit die Trauergeister weichen.

Der Grund hinter aller Helligkeit: Er nahm das Brot, dankte und brach es und gab es ihnen.
Er ist geblieben, er bleibt.
Auch wenn uns Bedrohliches umnachtet, lässt Christus sein Licht nicht auslöschen.
Und trotzdem kann bei hellstem Glanz Finsternis in uns sein, weil Christus, das Licht, uns fern ist.
Bleib, ach bleibe unser Licht, weil – das heißt auch, wenn – die Finsternis einbricht.

Bleibe bei uns, sei unser Licht.
Wie sollen wir uns das vorstellen?

Die Bitte ist sehr allgemein:
Sie lässt uns selbst und Gott Freiheit. Wir können sie in allen Finsternissen beten. Das entlastet, denn in solchen Phasen sind wir nicht besonders erfinderisch. Wir bleiben mit dieser Bitte gleichzeitig offen dafür, wie Gott es hell werden lässt.

Natürlich müssen wir auch konkret beten:
Er soll nicht sterben.
All unsere ganz konkreten Sorgen und Freuden gehören vor Gott gebracht.
Aber je konkreter wir bitten, desto festgelegter ist unsere Erwartung an Gott. Wir sind dann leicht von ihm enttäuscht, wenn es nicht so eintrifft, wie wir es erbeten haben.
Er stirbt.

Bleibe bei uns.
Diese Bitte ist zum Himmel hin offen. Sie umfasst alle Momente, in denen wir uns verlassen fühlen und deshalb im Dunkel sind und Licht brauchen.
Bleibe bei uns, das beten und singen wir mehrstimmig. Es ist ein gemeinsames Gebet und zugleich denkt jeder an seine eigene Bedürftigkeit.
Wie und wann Gott seine Gnadensonne aufgehen lässt, ist sein unerfindlicher Ratschluss.
Er hat es schon getan. Er wird es uns sehen lassen.
Wenn das Licht über uns aufgegangen ist, werden wir es merken.

Amen.

KANTATE

4. *Rezitativ Bass*
 Es hat die Dunkelheit
 An vielen Orten überhand genommen.
 Woher ist aber dieses kommen?
 Bloß daher, weil sowohl die Kleinen als die Großen
 Nicht in Gerechtigkeit
 Vor dir, o Gott, gewandelt
 Und wider ihre Christenpflicht gehandelt.
 Drum hast du auch den Leuchter umgestoßen.

5. *Arie Tenor*
 Jesu, lass uns auf dich sehen,
 Dass wir nicht

Auf den Sündenwegen gehen.
Lass das Licht
Deines Worts uns heller scheinen
Und dich jederzeit treu meinen.

6. *Choral*
Beweis dein Macht, Herr Jesu Christ,
Der du Herr aller Herren bist;
Beschirm dein arme Christenheit,
Dass sie dich lob in Ewigkeit.

LESUNG Lukas 24, 29 c – 34 (Emmaus)

GLAUBENSBEKENNTNIS Nicänum

LIED Wir wollen alle fröhlich sein (EG 100, 1–5)

ABKÜNDIGUNGEN

LIED
Gelobt sei Gott im höchsten Thron (EG 103, 1–6)
Vierstimmig, einige Strophen mit Orchesterbegleitung

GEBET
Brich an, du schönes Morgenlicht!
Lass es hell werden
in unserer Welt,
…
in unserer Kirche,
…
in allen, die im Schatten des Todes leben,
…
in unseren Herzen.
…
Brich an, du schönes Morgenlicht!

VATERUNSER

LIED Christ ist erstanden (EG 99)

SEGEN

EINGANGSCHOR Wiederholung

Stephanuskirche Göttingen

Erschallet, ihr Lieder (BWV 172)

Erster Pfingsttag

Amélie Gräfin zu Dohna (Predigtideen)/ Wiltrud Fuchs (Gottesdienstentwurf)

Dieser und der folgende Gottesdienst werden hier exemplarisch dokumentiert, weil die Kantate jeweils in mehreren kurzen Abschnitten über den gesamten Gottesdienst verteilt wurde – anders als in den meisten Beiträgen dieses Buches, in denen die Kantate am Stück oder zweigeteilt musiziert wird.

Kirchenmusikalische Vorbemerkungen

Die Pfingstkantate BWV 172 komponierte Bach 29-jährig in Weimar und führte sie in Leipzig mehrmals mit Änderungen wieder auf. Dabei wechselte er in der Tonart zwischen C-Dur und D-Dur. Heute publizieren alle gängigen Notenverlage eine der C-Dur-Fassungen, da D-Dur für die Sänger und Instrumentalisten außergewöhnlich hoch wäre.

Drei Trompeten, virtuos gesetzt, und eine Pauke geben dem Eingangschor und der Bassarie Glanz. Ein kompositorisches Meisterstück ist die Arie Nr. 5, ein Duett für Sopran und Alt, dem Bach neben dem Generalbass den Choral „Komm, Heiliger Geist, Herre Gott" zufügt, gespielt von Oboe oder obligater Orgel. Die Choralmelodie ist allerdings wegen reicher Verzierungen kaum zu erkennen.

Im Schlusschoral vertont Bach die vierte Strophe des Epiphaniasliedes „Wie schön leuchtet der Morgenstern", erweitert durch eine Oberstimme der ersten Violine. Der unten beschriebene Gottesdienst nimmt diese Melodie mit dem Pfingstlied EG 130 auf.

Die D-Dur-Fassungen verlangen eine Wiederholung des Eingangssatzes am Ende, was für einen festlichen Gottesdienstschluss auch in der C-Dur-Fassung erwogen werden könnte. Dadurch würde sich die Kantate von cirka 25 Minuten auf 30 verlängern.

A. H.

Übersicht

KANTATE Eingangschor

BEGRÜSSUNG

LIED O Heilger Geist, kehr bei uns ein (EG 130, 1–3)

GLORIA PATRI

KYRIE

GLORIA IN EXCELSIS
Allein Gott in der Höh sei Ehr (EG 179, 1)

SALUTATIO

GEBET

LESUNG
Apostelgeschichte 2, 1–18 (Das Pfingstwunder)

LIED
Komm, Heiliger Geist, Herre Gott (EG 125, 1–2)

PREDIGT

KANTATE Rezitativ 2 und Arie 3

GLAUBENSBEKENNTNIS

LIED
Zieh ein zu deinen Toren (EG 133, 1.2.7)

ABENDMAHLSLITURGIE

AUSTEILUNG, DABEI KANTATE
Arie 4, Arie 5 (Duett) und Choral 6

LIED
Danket dem Herrn (EG 333, 1 vierstimmig)

ABKÜNDIGUNGEN

LIED
O komm, du Geist der Wahrheit (EG 136, 1.2.7)

FÜRBITTEN

VATERUNSER

SEGEN

KANTATE Wiederholung des Schlusschorals

St. Marien-Kirche Osnabrück

1. Chor
Erschallet, ihr Lieder, erklinget, ihr Saiten!
O seligste Zeiten!
Gott will sich die Seelen zu Tempeln bereiten.

2. Rezitativ Bass
Wer mich liebet, der wird mein Wort halten,
und mein Vater wird ihn lieben, und wir werden zu
ihm kommen und Wohnung bei ihm machen.

3. Arie Bass
Heiligste Dreieinigkeit,
Großer Gott der Ehren,
Komm doch, in der Gnadenzeit
Bei uns einzukehren,
Komm doch in die Herzenshütten,
Sind sie gleich gering und klein,
Komm und lass dich doch erbitten,
Komm und ziehe bei uns ein!

4. *Arie Tenor*

O Seelenparadies,
Das Gottes Geist durchwehet,
Der bei der Schöpfung blies,
Der Geist, der nie vergehet;
Auf, auf, bereite dich,
Der Tröster nahet sich.

5. *Arie (Duett) Sopran Alt*
SEELE (S), HEILIGER GEIST (A)

Sopran
Komm, lass mich nicht länger warten,
Komm, du sanfter Himmelswind,
Wehe durch den Herzensgarten!

Alt
Ich erquicke dich, mein Kind.

Sopran
Liebste Liebe, die so süße,
Aller Wollust Überfluss,
Ich vergeh, wenn ich dich misse.

Alt
Nimm von mir den Gnadenkuss.

Sopran
Sei im Glauben mir willkommen,
Höchste Liebe, komm herein!
Du hast mir das Herz genommen.

Alt
Ich bin dein, und du bist mein!

6. *Choral*

Von Gott kömmt mir ein Freudenschein,
Wenn du mit deinen Äugelein
Mich freundlich tust anblicken.
O Herr Jesu, mein trautes Gut,
Dein Wort, dein Geist, dein Leib und Blut

Mich innerlich erquicken.
Nimm mich
Freundlich
In dein Arme, dass ich warme werd von Gnaden:
Auf dein Wort komm ich geladen.

Predigtideen

Aus der Verbindung von Kantate BWV 172 und dem Evangelium des Pfingstsonntages Joh 14, 23–27 bieten sich drei unterschiedliche thematische Einstiege für die Predigt an.

1. Die Seele als Wohnung

Pfingsten – Housewarmingparty der Seele.
Der Heilige Geist ist eingezogen, das wird mit einem rauschenden Fest gefeiert.

Er ist hochwillkommen und soll sich häuslich einrichten bei mir. Durch ihren Bewohner wird die Seele zum Palast, zum Paradies. Housewarming, es wird mir warm ums Herz („dass ich warme werd von Gnaden", Schlusschoral).

Das klingt widersprüchlich, denn hier lädt Gott mich ein, gibt mir Raum bei sich, aber das bedeutet zugleich, dass er in meinem Herzen einzieht, sein Wort, sein Geist in mir Wohnung nehmen.

Der Leerstand in der Seele wird mit Gottes Geist gefüllt. Dass auch andere Geister von der Seele Besitz ergreifen könnten, ist nicht Thema. Die Kantate schlägt einen unproblematisch feierlichen Ton an. Das Einzugsfest für den Heiligen Geist wird gefeiert. Wegen der festlosen Zeiten vorher und nachher muss man sich in so einem Moment nicht sorgen. Für die ernsten Töne bleibt noch genug Zeit im Kirchenjahr.

Ein neuer Wind weht in den alten Gemäuern. Das Wehen lässt sich beim Hören der Musik (Arie Nr. 4) erspüren. Es durchzieht den ganzen Teil – in auf- und abwärts gehenden Achtelbewegungen der unisono spielenden Geigen und

Bratschen – melodisch und gleichmäßig, kein „Sturm und Drang", sondern sanft und stetig – Elias Gottesbegegnung am Horeb, 1. Könige 19, 12.13, klingt an. Auf sanfte Art bewirkt der Geist der Liebe etwas in der Seele. Im gesungenen Text kommt es zu einer Umkehr (abrupter Tonartwechsel von e-Moll nach C-Dur mit Trugschluss bei „Auf, auf"), die Wirkung ist voll Energie: Hausputz in der Seele für den, der einzieht.

Johannes Olearius schlüsselt das lateinische Wort für Herz – cor folgendermaßen auf: c – camera, o – omnipotentis, r – regis = Zimmer des allmächtigen Königs. In der elenden Hütte zieht ein königlicher Gast ein. Er ist der Hausherr. Die unwürdige Herberge für den göttlichen Gast lässt an die Weihnachtsgeschichte denken. Gott wird Mensch in mir.

Für mein persönliches geistliches Leben deutet die Kantate eine Richtung an. Die Leere in der Seele ist schwer zu ertragen. Sie will Gott entgegen gehalten werden. Nur er kann sie füllen. Sein Geist zieht sanft ein, nicht mit großen Anstrengungen (Arien Nr. 4 und 5). Ich muss ihn nicht für mich einnehmen, nur erwarten, wahrnehmen und feiern (Eingangschor und Bassarie Nr. 3). Er kommt von selbst und ist schon da.

2. Abschied und Gegenwart

Jesus geht und hinterlässt eine Leere, das ist die Grundstimmung des Evangeliums für den Pfingstsonntag, Johannes 14. Die Kantate deutet die Sehnsucht der Braut nach dem verschwundenen Liebhaber aus dem Hohelied allegorisch hier auf das Verhältnis der Seele zum Heiligen Geist – nicht wie sonst zu Jesus.

Für uns als heutige Hörer ist nicht der Abschied von Jesus das Thema, aber möglicherweise sein Fernsein. Wir spüren seine Nähe nicht. In unserem Leben können wir sie nicht entdecken, denn wir denken, dann müsste es anders aussehen. Wenn wir zu suchen beginnen, werden wir einen neuen Blick auf unser Leben und auf Jesus tun.

Die Seele sucht nach ihrem Liebhaber (Hoheslied 5, 6–8 u.ä.) Dass es Jesus ist, auf den sich die Sehnsucht richtet, ist in der Kantate vorausgesetzt. Nur er kann diese Sehnsucht stillen, wie nur ein Bräutigam die Liebessehnsucht der Braut. Jesus verheißt seine Gegenwart, auf neue und andere Art als bisher; inniger, näher wird er sein, im Wort, im Herzen, näher als alles andere, näher als ich mir selbst (Joh 14, 23). In dem Rezitativ, in dem die vox Christi als Bassstimme hörbar wird, vereinen sich zum Ende hin Instrumental- und Gesangsstimme – Seele und Christus innig verbunden.

Die Brautmystik wird in der Kantate mithilfe des Hohenliedes ausgemalt. Das Duett – nicht wie sonst ein Gespräch zwischen Seele und Christus, sondern zwischen Seele und Heiligem Geist (Altstimme) – bittet, „komm". Wie der beigegebene Choral „Komm, Heiliger Geist, Herre Gott" sind Pfingstlieder Gebete um Gottes Nähe.

Das Duett bedient sich erotischer Motivik, die manchem zeitgenössischen Hörer fremd ist, auch musikalisch reich verziert. Dies soll aber die innige Vereinigung mit Gott abbilden. Unio mystica – unerklärliche, geschenkte Einheit mit Gott und darin Frieden für die Seele (Joh 14, 27).

Es ist nicht leicht, diese Bilder-, Sprach- und Gedankenwelt – teils biblisch, teils mittelalterlich, teils barock – in unsere Zeit zu übersetzen. Vielleicht darf aber auch einmal im Kontrast zu unserer Welt mit dem Kantatentext gesprochen werden, denn die Sehnsucht und der Zuspruch sind zeitlos und die ungewohnten Ausdrucksmittel machen neu darauf aufmerksam.

3. Trinität

Die Trinität ist ein unausgesprochener Grundklang dieser Kantate.

An vielen Stellen spiegelt sie das durch dreigliedrige Formen in Wort und Musik wider (Arie Nr. 3 „O Heilige Dreifaltigkeit"; drei Trompeten, die teilweise unisono und konzertant als drei Personen in Einheit aufgefasst werden können; 3 Arien; 3 Strophen des Duetts). Allerdings sind diese Dreierformen auch sonst nicht selten und für sich genommen noch nicht besonders aussagekräftig, außer dass sie eben auf die Dreieinigkeit Gottes verweisen. Dennoch werden im Text alle drei göttlichen Personen gelobt, relativ unsystematisch werden außer dem Heiligen Geist auch Gott, der Vater, seine Schöpfung, Jesus, sein Kommen und seine Wiederkunft besungen. Die Kantate lässt sich insofern auch gut am Sonntag Trinitatis musizieren.

Ihr Tore zu Zion (BWV 193)
Ratswechsel

Wiltrud Fuchs (Gottesdienstentwurf)

Kirchenmusikalische Vorbemerkungen

Von der Musik der Kantate sind nur die Stimmen von Sopran, Alt, zwei Oboen und Streichern erhalten. 1984 ist eine Rekonstruktion von Reinhold Kubik erschienen, der Tenor, Bass, Basso continuo und die zum Ratswechsel unentbehrlichen drei Trompeten mit Pauke ergänzt hat. Die zwanzigminütige Komposition beginnt mit einem festlichen, fast ausschließlich homophonen Eingangschor mit konzertanten Zwischenspielen. Es folgen je ein Rezitativ und eine Arie für Sopran und Alt, letztere mit virtuos verzierter Oboen- und Altstimme. Ein danach vorgesehenes Rezitativ ist verschollen. Den Abschluss bildet kein Choral, sondern die Wiederholung des prächtigen Eingangschors – eine besonders konzertante Kantate Bachs!

A. H.

Theologische Vorbemerkungen

Jedes Jahr am Montag nach dem Bartholomäustag (24. August) wurde in Leipzig der Ratswechsel mit einem Gottesdienst feierlich vollzogen. Zu diesem Anlass gehörte eine festliche Kantate. Sie wurde nicht wie sonst nach dem Evangelium musiziert, sondern nach der „Ratspredigt". Im Aufbau unterscheiden sich die Kantaten zu diesem Anlass nicht von denen, die für die sonntäglichen Hauptgottesdienste kom-

113

poniert wurden. Doch ist „Ihr Tore zu Zion" vom Text her stärker thematisch gebunden und mit entsprechenden Psalmzitaten unterfüttert, nicht an einem Evangelientext ausgerichtet.

Die Ratswahl ist ein weltlicher Anlass für eine geistliche Kantate. Entsprechende Anlässe lassen sich auch heute finden. Noch relativ geistlich: Am Sonntag der Kirchenvorstandswahl, der Einführung eines Kirchenvorstandes oder Amtsträgers in kirchlichen Behörden, der Synode. Aber auch ganz weltliche Anlässe ließen sich als gottesdienstlich lohnendes Thema denken, wie Kommunalwahl – das entspräche der Ratswahl einigermaßen – aber auch Landtags-, Bundestags-, Europawahl. In dem Fall könnte man sogar „Leipziger Jerusalem" mit dem jeweiligen Ortsnamen entsprechend aktualisieren („Göttinger Jerusalem" – wobei der Text auf dem Gottesdienstblatt ruhig das Original enthalten kann). Diese Zusammenstellung ist ohnehin auffällig und bedarf der Interpretation. Leipzig ist eben auch eine Stadt Gottes. Durch den Stadtrat sollen Recht und Gerechtigkeit Gottes Willen entsprechend für den Ort umgesetzt werden. Der Rat der Stadt ist für seine Politik Gott gegenüber verantwortlich und bittet für diese Aufgabe um seinen Segen.

Als Predigttext für einen solchen Ratswechselgottesdienst ist zum Beispiel 1. Könige 8, 57–61 überliefert. In dem hier dokumentierten Gottesdienst wurde zu Psalm 121 gepredigt, dessen Verse 4 und 5 im Sopranrezitativ zitiert werden. Näher am Thema der Kantate wäre Psalm 87 (Vers 2 im Eingangschor) oder auch Psalm 65 (Vers 3 in der Sopranarie), interessant die Abwandlung von Psalm 9, Vers 8 (Gottes Thron als Richterstuhl), im Altrezitativ (auf die städtischen Richterstühle – Plural – bezogen), auch dieser Psalm ein möglicher Predigttext. Dem Anlass gemäß könnte die Predigt stärker ethisch oder politisch ausgerichtet sein, etwa auf konkrete Gegebenheiten vor Ort, in der Welt, oder grundsätzlich auf die Frage gerechter Lebensbedingungen bezogen.

A. D.

114

Übersicht

KANTATE Eingangschor

BEGRÜSSUNG

PSALM 121
im Wechsel (Ich hebe meine Augen auf zu den Bergen)

GLORIA PATRI gesprochen

LIED Bei dir, Jesu, will ich bleiben (EG 406, 1–3)

KYRIE

GLORIA IN EXCELSIS
Allein Gott in der Höh sei Ehr (EG 179, 1)

SALUTATIO

GEBET

KANTATE Rezitativ 2 und Arie 3

LESUNG
Evangelium Markus 10, 46–52
(Der blinde Bartimäus)

LIED
Lobe den Herren, den mächtigen König der Ehren
(Bachsatz)

PREDIGT zu Psalm 121

KANTATE Rezitativ 4 und Arie 5

GLAUBENSBEKENNTNIS

LIED Von Gott will ich nicht lassen (EG 365, 1–2)

ABKÜNDIGUNGEN

LIED
Brunn alles Heils, dich ehren wir
(EG 140, 1–3. 4 Chor und Orchester im Bachsatz)

FÜRBITTEN

St. Marien-Kirche Osnabrück

1. Chor
Ihr Tore zu Zion, ihr Wohnungen Jakobs, freuet euch!
Gott ist unsers Herzens Freude,
Wir sind Völker seiner Weide,
Ewig ist sein Königreich.

2. Rezitativ Sopran
Der Hüter Israels entschläft noch schlummert nicht,
Es ist annoch sein Angesicht
Der Schatten unsrer rechten Hand;
Und das gesamte Land
Hat sein Gewächs im Überfluss gegeben.
Wer kann dich, Herr, genug davor erheben?

3. Arie Sopran
Gott, wir danken deiner Güte,
Denn dein väterlich Gemüte
Währet ewig für und für.
Du vergibst das Übertreten,
Du erhörest, wenn wir beten,
Drum kömmt alles Fleisch zu dir.

4. Rezitativ Alt
O Leipziger Jerusalem, vergnüge dich an deinem Feste!
Der Fried ist noch in deinen Mauern,
Es stehn annoch die Stühle zum Gericht,
Und die Gerechtigkeit bewohnet die Paläste.
Ach bitte, dass dein Ruhm und Licht
Also beständig möge dauern!

5. *Arie Alt*

Sende, Herr, den Segen ein,
Laß die wachsen und erhalten,
Die vor dich das Recht verwalten
Und ein Schutz der Armen sein!
Sende, Herr, den Segen ein!

6. *Chor*

Ihr Tore zu Zion, ihr Wohnungen Jakobs, freuet euch!
Gott ist unsers Herzens Freude,
Wir sind Völker seiner Weide,
Ewig ist sein Königreich.

Ich will den Kreuzstab gerne tragen (BWV 56)

19. Sonntag nach Trinitatis

Walter Boës

| Meditation zur Kreuzstabkantate
| und Psalm 90,12

Vorbemerkung

Die Andacht zur Kreuzstabkantate wurde im Theologischen Studienhaus Heidelberg vor Studierenden am Abend in der letzten Woche des Kirchenjahres gehalten. Johann Sebastian Bach komponierte diese Kantate für den 19. Sonntag nach Trinitatis. Durch ihre Thematik aber empfiehlt sich die Kantate durchaus für die letzten Wochen im Kirchenjahr.

Die ersten beiden Sätze wurden von CD vorgespielt. Den Schlusschoral sang der Studierendenchor des Hauses. Die Liedangaben beziehen sich auf eine Abendandacht. Als Alternativen sind jeweils Liedvorschläge unabhängig von der Tageszeit angegeben.

Übersicht

BEGRÜSSUNG

MEDITATION I

LIED
Nun ruhen alle Wälder (EG 477, 1–4)
Alternativ:
EG 528, 1–4.8 Ach wie flüchtig, ach wie nichtig
EG 534 Herr, lehre uns, dass wir sterben müssen

PSALMGEBET
   Psalm 90 von allen gesprochen
   (Herr, du bist unsre Zuflucht für und für)

MEDITATION II UND KANTATE (1)

MEDITATION III UND KANTATE (2)

MEDITATION IV UND KANTATE (5)

MEDITATION V

LIED
   Bleib bei mir, Herr, der Abend bricht herein
   (EG 488, 1–5)
   Alternativ:
   EG 369, 1–3.7 Wer nur den lieben Gott lässt walten
   EG 355, 1.5 Mir ist Erbarmung widerfahren

FÜRBITTENGEBET

VATERUNSER

LIED   Unsern Ausgang segne Gott (EG 163)

SEGEN

1. Arie Bass
   Ich will den Kreuzstab gerne tragen,
   Er kömmt von Gottes lieber Hand,
   Der führet mich nach meinen Plagen
   Zu Gott, in das gelobte Land.
   Da leg ich den Kummer auf einmal ins Grab,
   Da wischt mir die Tränen mein Heiland selbst ab.

2. Rezitativ Bass
   Mein Wandel auf der Welt
   Ist einer Schifffahrt gleich:
   Betrübnis, Kreuz und Not
   Sind Wellen, welche mich bedecken
   Und auf den Tod

Mich täglich schrecken;
Mein Anker aber, der mich hält,
Ist die Barmherzigkeit,
Womit mein Gott mich oft erfreut.
Der rufet so zu mir:
Ich bin bei dir,
Ich will dich nicht verlassen noch versäumen!
Und wenn das wütenvolle Schäumen
Sein Ende hat,
So tret ich aus dem Schiff in meine Stadt,
Die ist das Himmelreich,
Wohin ich mit den Frommen
Aus vielem Trübsal werde kommen.

3. *Arie Bass*
Endlich, endlich wird mein Joch
Wieder von mir weichen müssen.
Da krieg ich in dem Herren Kraft,
Da hab ich Adlers Eigenschaft,
Da fahr ich auf von dieser Erden
Und laufe sonder matt zu werden.
O gescheh es heute noch!

4. *Rezitativ, Arioso Bass*
Ich stehe fertig und bereit,
Das Erbe meiner Seligkeit
Mit Sehnen und Verlangen
Von Jesus Händen zu empfangen.
Wie wohl wird mir geschehn,
Wenn ich den Port der Ruhe werde sehn.
Da leg ich den Kummer auf einmal ins Grab,
Da wischt mir die Tränen mein Heiland selbst ab.

5. *Choral*
Komm, o Tod, du Schlafes Bruder,
Komm und führe mich nur fort;
Löse meines Schiffleins Ruder,
Bringe mich an sichern Port!

Es mag, wer da will, dich scheuen,
Du kannst mich vielmehr erfreuen;
Denn durch dich komm ich herein
Zu dem schönsten Jesulein.

Ablauf mit Meditation

BEGRÜSSUNG

MEDITATION I

Ende des Kirchenjahres:
Nass und kalt ist das Land, grau der Himmel.
Vergangen ist das Grün des Sommers und die Farbenpracht
des frühen Herbstes.
Der morgendliche Reif, der unsere Welt zuckert, kann nur
mühsam und kurz über das
trostlose, braune Einerlei des Odenwaldes über der Stadt
hinwegtäuschen.
Die Menschen in der Fußgängerzone schlendern
nicht mehr wohlig in der Sonne umher. Sie eilen mit
hochgestelltem Kragen durch die kalten Gassen –
in sich gekehrt, so, als ob sie das bisschen Wärme, das sie
noch in sich tragen, auch nicht einen Augenblick gefährden
und der Welt preisgeben wollten.

Mir fehlt die Lebendigkeit des Frühlings,
die Leichtigkeit des Sommers, die Ernte des Herbstes, und
ich sinne ihnen nach.
In mein Nachdenken mischen sich die Winterfarben. Und
die Kehrseiten unseres Lebens holen mich ein: Dunkle
Gründe, bedrohlich wie das Grau der beginnenden Winter-
abende, die die Sonne allzu früh schon verschlucken, gehei-
me Ängste, diffus wie der Morgennebel über dem Neckar.

„Herr, lehre uns bedenken, dass wir sterben müssen, auf dass
wir klug werden", betet der Psalmist im 90. Psalm.

Bedenken, dass wir sterben müssen –
das wollen wir in unserer Andacht heute.

Den Tod bedenken, unseren Tod bedenken –
wir heute tun es selten.
Weit an den Rand gedrängt ist er aus unserer Welt.
Weit von uns geschoben haben wir ihn, viel zu jung und
voll Lebens wähnen wir uns.

Es gab eine Zeit, in der es viel selbstverständlicher war, den
Tod zu bedenken. Johann Sebastian Bach hat in mancher
seiner Kantaten diesem Nachdenken Klang verliehen. Eine
seiner Kantaten, die Kreuzstabkantate, soll heute unser Bedenken begleiten und anleiten. Sie soll uns durch ihre Klänge
und Texte mit hinein nehmen in die Bewegung des Kirchenjahres, das mit dem Totensonntag endet. Sie soll uns mit hinein nehmen in ein uns fremdes Denken, in ein uns anstößi-
ges Fühlen und Betrachten der Welt und des Lebens.

Lied Nun ruhen alle Wälder (EG 477, 1–4)
> *Alternativ:*
> EG 528, 1–4.8 Ach wie flüchtig, ach wie nichtig
> EG 534 Herr, lehre uns, dass wir sterben müssen

Psalmgebet
> Psalm 90 von allen gesprochen
> (Herr, du bist unsre Zuflucht für und für)

Meditation II und Kantate Arie 1 Bass

„Ich will den Kreuzstab gerne tragen",
so beginnt die Kantate.

Die ganze Wirklichkeit des Kreuzes legt Bach in die ersten
Töne des Themas (der Melodie). In großen Intervallen
(Sprüngen) steigt die Melodie auf – als ob der Kreuzstab aller-
erst hoch aufgerichtet werden müsse.

Ein gewagtes cis unter dem Wörtchen Kreuz malt das Leiden
und den Schmerz des Kreuzes plastisch aus. Achtet einmal
darauf.

Und achtet auch auf die Seufzer, die Bach unter das „Tragen" legt. Man sieht den Träger in den abwärts seufzenden Linien förmlich in die Knie gehen.

Und vor meinem inneren Auge sehe ich Jesu Kreuzweg. Ich sehe, wie Jesus auf seinem Weg nach Golgatha unter der Last des Kreuzes in die Knie geht. Und ich sehe Simon von Kyrene, wie er Jesu Kreuz trägt.

Woran tragen wir? Was schleppt ihr mit euch herum?

Wollen wir sein Kreuz auf uns nehmen?

Wir hören den ersten Satz aus der Kantate.

> 1. *Arie Bass*
> Ich will den Kreuzstab gerne tragen,
> Er kömmt von Gottes lieber Hand,
> Der führet mich nach meinen Plagen
> Zu Gott, in das gelobte Land.
> Da leg ich den Kummer auf einmal ins Grab,
> Da wischt mir die Tränen mein Heiland selbst ab.

„Ich will den Kreuzstab gerne tragen." Anders als vielleicht Simon von Kyrene nimmt der Beter dieser Kantate sein Kreuz gern auf sich.

„Ich will den Kreuzstab gerne tragen." Aus Gottes Hand nimmt ihn der Beter. Wissend: Obwohl selbst schwere Last und Plage, wird der Kreuzstab gleich einem stützenden Wanderstock durch die Plagen hindurch ins gelobte Land führen. Durch die Plagen hindurch. Durch den Tod hindurch. Ins gelobte Land.

Das Kreuz verspricht uns: In Leid und Tod verborgen ist das Leben.

„Da leg ich den Kummer auf einmal ins Grab. Da wischt mir die Tränen mein Heiland selbst ab."

Habt ihr gehört, wie leicht die Musik am Ende wurde, … wie leicht Bach die Hand zeichnet, die liebevoll die Tränen abwischt?

Im folgenden Rezitativ verwandelt Bach das Bild der Wanderschaft mit dem Kreuzstab in das Bild einer Schifffahrt. „Mein Wandel auf der Welt ist einer Schifffahrt gleich: Betrübnis, Kreuz und Not sind Wellen, welche mich bedecken und auf den Tod mich täglich schrecken". Hört auf die Wellen, die das Violoncello hörbar macht. Immer und immer kehren sie wieder. Kaum erhole ich mich von der einen, folgt die nächste. Unendlich lang ist ihre Kette:

Fragen, die immer wiederkehren, mich nicht loslassen; Zweifel, die Mal um Mal anrollen, sich über mir brechen und mich taumeln machen, mich hin und her werfen in meinem Leben;

Sorgen, die ich nicht loswerden kann, die stetig und unablässig über meine Seele schwappen;

Ängste, die sich verselbständigen und in immer neuen Wellen an mich heranbranden – Ängste vor der Zukunft, Ängste vor Menschen, vor Räumen, vor Unbekanntem, vor Bildern und Zuschreibungen, die an mich heranbranden, mich zu Kursänderungen zwingen, mich auf ihren Wellen tanzen lassen wie einen Spielball.

Unendlich ist die Reihe der Wellen, die mich durch mein Leben wirft.

Hört das Rezitativ, hört die Wellen im Cello, sinnt den Wellen eures Lebens nach.

Und hört, wie sich die Wellen im Cello auf einmal verwandeln. Und lasst euch mit ihnen verwandeln.

2. Rezitativ Bass
   Mein Wandel auf der Welt
   Ist einer Schifffahrt gleich:
   Betrübnis, Kreuz und Not
   Sind Wellen, welche mich bedecken
   Und auf den Tod
   Mich täglich schrecken;
   Mein Anker aber, der mich hält,

Ist die Barmherzigkeit,
Womit mein Gott mich oft erfreut.
Der rufet so zu mir:
Ich bin bei dir,
Ich will dich nicht verlassen noch versäumen!
Und wenn das wütenvolle Schäumen
Sein Ende hat,
So tret ich aus dem Schiff in meine Stadt,
Die ist das Himmelreich,
Wohin ich mit den Frommen
Aus vielem Trübsal werde kommen.

„Und wenn das wütenvolle Schäumen sein Ende hat, so tret'
ich aus dem Schiff in meine Stadt, die ist das Himmelreich".

Habt ihr die Ruhe gespürt, den festen Grund der „bleiben-
den Stadt", des Himmelreiches? Habt ihr gehört, wie sich
die gebrochenen Akkorde der Wellen einfügten in den steti-
gen, tragenden Akkord des Himmelreiches?

Wie schon beim Kreuzstab haben auch hier die Lebenswellen
wesentlich etwas zu tun mit dem Himmelreich. Unsere Erfahrungen, unser vergängliches Ergehen, die Wellen, die Ge-
brochenheiten und Lasten unseres Lebens werden mit hinein
genommen in das ewige Himmelreich. Werden aufgenommen
und verwandelt. Zu Neuem komponiert. Der Tod ist nicht
Abbruch. Der Tod ist Verwandlung. Das ist die Botschaft des
Kreuzstabes. Darum führt er uns mitten durch ihn hindurch.

MEDITATION IV UND KANTATE SCHLUSSCHORAL

Wie der Schlaf Erholung bringt von den Plagen des Tages und
nur durch ihn ein Neubeginn am Morgen möglich wird, so
bringt der Tod Ruhe von den Mühen des Lebens. Und nur
durch ihn wird Altes verwandelt und Neues geschaffen.

„Komm, o Tod, du Schlafes Bruder, komm und führe mich
nur fort; löse meines Schiffleins Ruder, bringe mich an sichern
Port." Im Schlusschoral greift Bach noch einmal das Bild

der Bootsfahrt auf. Der Tod, des Schlafes Bruder, soll sie beenden.

Je mehr die Reise sich dem Tod naht, je mehr der Tod die Führung der Reise übernimmt, desto gewagter, desto dichter, desto schmerzhafter werden die Harmonien. „Komm und führe mich nur fort." Und doch ist der Todesabstieg – im zweiten Teil im Bass deutlich zu hören – zugleich der Weg, der Aufstieg zur Erlösung.

Der Tod, des Schlafes Bruder, schenkt die ersehnte Ruhe vor den ewig anbrandenden Wellen des Lebens. Mit ihm und durch ihn hindurch beginnt die Verwandlung. Die Verwandlung unseres endlichen Lebens zum Ewigen Leben, die Verwandlung unseres wellengebrochenen Lebens in das heile Reich Gottes hinein.

Und so endet der Choral in einem strahlenden C-Dur. In diesem Ziel werden all die Wellen zuvor, unser je besonderes Leben, mit unserem je eigenen Kreuz aufgehoben, geheiligt, verewigt.

Wir hören den Choral.

5. *Choral*
    Komm, o Tod, du Schlafes Bruder,
    Komm und führe mich nur fort;
    Löse meines Schiffleins Ruder,
    Bringe mich an sichern Port!
    Es mag, wer da will, dich scheuen,
    Du kannst mich vielmehr erfreuen;
    Denn durch dich komm ich herein
    Zu dem schönsten Jesulein.

MEDITATION V

Was nehmen wir nun davon mit für unsere Novembertage, für den bevorstehenden Winter, für unser Bedenken des Todes? Können wir mit einstimmen in Bachs Todessehnsucht? Tröstet uns dies Bild vom Tod als Bruder des Schlafes?

127

Mir persönlich ist, ehrlich gesagt, mein Leben nach wie vor lieb und teuer. Und zwischen all den Wellen ist viel zu viel Freude, Genuss, Liebe und Leben, als dass ich mir des Schlafes Bruder schon herbeisehnte. Trotzdem ist mir der Tod, von dem Bach singen lässt, durch die Kantate sehr nahegekommen. Nicht aber als Todessehnsucht, die auf das Ende hin gerichtet ist, und die mein Leben auf das Ende hin ausrichtet. Eher als Trost mitten im Leben.

Ist es nicht so, dass der Tod, des Schlafes Bruder, auch schon hier und jetzt, mitten in meinem Leben gegenwärtig ist? Ist es nicht so, dass wir auch schon jetzt und hier Tode sterben? Ist es nicht so, dass auch schon jetzt und hier Teile von mir sterben? – Wenn ich eine Entscheidung fällen muss, mich für etwas und damit gegen etwas anderes entscheiden muss? Wenn mein Zweifeln gar jede Entscheidung verhindert? Wenn mir Optionen in meinem Leben genommen werden? Freiheiten verloren gehen. Wenn mir meine Liebe versiegt? Wenn ich zu jemandem das Vertrauen verliere? Wenn meine Ängste und Sorgen mich in ihren Wellen ersticken?

Gerade dann, wenn ich mitten im Leben Tode sterbe, wenn ich mitten im Leben unter die Wellen gerate, dann vermag es Bachs Musik auf wunderbare Weise, mich an der Hand zu nehmen und in den Wellen zu führen und zu halten – gerade wie Jesus den sinkenden Petrus. Und ihre Melodien trösten mich und erzählen mir von der Verheißung, die all die Tode mitten im meinem Leben haben. Von der Verheißung, dass aus ihnen Neues werden kann, schon jetzt, nicht erst in weiter Ferne. Von der Verheißung, dass Christus aus jedem unserer Kreuze einen Lebensbaum wachsen lassen kann; von der Verheißung, dass all die Wellen unseres Lebens einst den Grund geben werden, auf dem wir fest stehen; dass unsere Zweifel eine weit tiefere Gewissheit gründen als es ohne Zweifel möglich wäre; dass durch die Sorgen eine Gelassenheit wächst, die trägt und nicht leichtsinnig ist; dass wir durch unsere Ängste hindurch in einen Mut hineinleben, der um unsere Bedrohung weiß.

„Herr, lehre uns bedenken, dass wir sterben müssen, auf dass wir klug werden."

Wir können durch Christi Tod und Auferstehung getrost leben. Wir können Kreuz und Wellen getrost tragen. Und wir können unsere Dinge getrost sterben lassen. Denn in ihm wissen wir sie aufgehoben zu Neuem – und stehen schon jetzt auf dem sicheren Grund seines sicheren Ports, so dass wir den Kreuzstab gerne tragen können. Das ist nicht Weltflucht. Das stellt uns mitten hinein in unsere Welt. Unter unser Kreuz. In unsere Wellen. Aber: Getrost, gestärkt und fest.

Das tröstet uns jetzt – und das wird uns trösten, wenn wir einmal ganz am Ende unserer Lebensreise sind.

„Herr, lehre uns bedenken, dass wir sterben müssen, auf dass wir klug werden." Amen.

LIED
    Bleib bei mir, Herr, der Abend bricht herein
    (EG 488, 1–5)
    Alternativ:
    EG 369, 1–3.7 Wer nur den lieben Gott lässt walten
    EG 355, 1.5 Mir ist Erbarmung widerfahren

FÜRBITTENGEBET

VATERUNSER

LIED Unsern Ausgang segne Gott (EG 163)

SEGEN

Morata-Haus, Heidelberg

Ein feste Burg ist unser Gott (BWV 80)

Reformationstag

Notger Slenczka (Predigt)

Kirchenmusikalische Vorbemerkungen

Die Kantate BWV 80 hat eine komplizierte Quellen- und Bearbeitungsgeschichte. Nicht nur Johann Sebastian Bach änderte und erweiterte sie für mehrere Reformationsfeste in Leipzig, auch sein Sohn Wilhelm Friedemann bearbeitete sie. In Friedemanns Fassung mit drei dazu komponierten Trompeten und Pauke ist die Kantate am bekanntesten.

Sie dauert rund 25 Minuten und besteht neben frei gedichteten Arien und Rezitativen vor allem aus der Vertonung aller vier Strophen von „Ein feste Burg ist unser Gott". Die erste Strophe wird zu einer groß angelegten Choralmotette, in der am Ende jeder Choralzeilenfuge die Trompete (bei J.S. Bach Oboe) und der Generalbass das Choralthema als Höhepunkt zitieren. Aus der zweiten Strophe entwickelt Bach eine Bassarie mit Sopranchoral. „Und wenn die Welt voll Teufel wär" singt der Chor – ungewöhnlicherweise in machtvollem Unisono – in ein Orchesterconcerto hinein. Die vierte Strophe bildet als schlichter Schlusschoral den Abschluss der Kantate.

A. H.

Theologische Vorbemerkungen

Der Reformationstag wurde in Sachsen 1667 als Feiertag eingeführt und gewann große Bedeutung, sodass er auch mit Kantate und Abendmahlsfeier gottesdienstlich begangen wurde. Seit August der Starke 1697 zum katholischen Glauben übergetreten war, wurde in Leipzig jedoch das Reformationsfest an dem nächstgelegenen Sonntag der Trinitatiszeit begangen, dessen jeweiliges Evangelium dann auch der Predigt zu Grunde lag.

Der 31. Oktober ist heute nur in wenigen Gegenden offizieller Feiertag. Es ist zu überlegen, ob er an einem der vorhergehenden oder besser folgenden Sonntage zum Thema gemacht wird, an dem dann auch die Kantate aufgeführt wird. Möglich wäre auch ein Abendgottesdienst mit Kantate, wenn der Reformationstag auf einen Wochentag fällt.

„Ein feste Burg ist unser Gott", Psalm 46, gehört auch zum Sonntag Invokavit. Von Bach gibt es aus der Leipziger Zeit keine Kantaten für die Passionssonntage. Wenn man trotzdem vor Ostern Figuralmusik aufführen möchte, bietet sich die Kantate zu diesem ersten Sonntag in der Passionszeit an. Dieser Kantate liegt eine Fassung aus Weimar für den Sonntag Okuli, den dritten Sonntag der Passionszeit zu Grunde, bezogen auf das Evangelium des Sonntags (Lk 11, 14–23/28), in dem der Teufel eine wichtige Rolle spielt. Allerdings ist der Lutherchoral „Ein feste Burg ist unser Gott" so stark mit dem Luthergedenken und dem Reformationstag verbunden, dass er auf den ersten Blick an einem anderen Sonntag im Kirchenjahr merkwürdig erscheint. Dieser Verfremdungseffekt kann aber auch den Reiz erhöhen.

Der 21. Sonntag nach Trinitatis ist von den Lesungen thematisch ebenfalls ein möglicher Aufführungstermin. Er ist jedoch in so großer zeitlicher Nähe zum Reformationstag, dass man dann auch diesen zum Thema machen und auf die entsprechenden Texte zurückgreifen kann.

A. D.

Übersicht

ORGELVORSPIEL

LIED Ein feste Burg ist unser Gott (EG 362, 1)

BEGRÜSSUNG

PSALM 46, 1–12 im Wechsel
(Gott ist unsere Zuversicht und Stärke)

GLORIA PATRI EG 177.1

KYRIE EG 178.3 (Martin Luther)

GLORIA IN EXCELSIS
Allein Gott in der Höh sei Ehr (EG 179, 1–4)

SALUTATIO

GEBET

LIED
Nun freut euch, lieben Christen g'mein (EG 341, 1–5)

LESUNG
Epistel: Galater 5, 1–6
(Zur Freiheit hat uns Christus befreit)

HALLELUJA
mit Hallelujavers Ps 84, 12 oder Ps 46, 2.8

KANTATE (1–5)

PREDIGT I

KANTATE (6–8)

PREDIGT II

GLAUBENSBEKENNTNIS: LUTHERS LIED
Wir glauben all an einen Gott (EG 183)

ABKÜNDIGUNGEN

LIED
Ist Gott für mich, so trete gleich alles wider mich
(EG 351, 1–3)

FÜRBITTEN

VATERUNSER

LIED (EG 351, 13)

SEGEN

CHORAL
„Das Wort sie sollen lassen stahn" Wiederholung

Ablauf

ORGELVORSPIEL
Johann Gottfried Walther
„Ein feste Burg ist unser Gott"

LIED Ein feste Burg ist unser Gott (EG 362, 1)

BEGRÜSSUNG

PSALM 46, 1–12 im Wechsel
(Gott ist unsere Zuversicht und Stärke)

GLORIA PATRI EG 177.1

KYRIE
EG 178.3 (Martin Luther)

GLORIA IN EXCELSIS EG 179, 1–4

SALUTATIO

GEBET

Nun freut euch, lieben Christen g'mein (EG 341, 1–5)

LESUNG
Epistel: Galater 5, 1–6

Zur Freiheit hat uns Christus befreit! So steht nun fest und lasst euch nicht wieder das Joch der Knechtschaft auflegen!

Siehe, ich, Paulus, sage euch: Wenn ihr euch beschneiden lasst, so wird euch Christus nichts nützen.

Ich bezeuge abermals einem jeden, der sich beschneiden lässt, dass er das ganze Gesetz zu tun schuldig ist.

Ihr habt Christus verloren, die ihr durch das Gesetz gerecht werden wollt, und seid aus der Gnade gefallen.

Denn wir warten im Geist durch den Glauben auf die Gerechtigkeit, auf die man hoffen muss.

Denn in Christus Jesus gilt weder Beschneidung noch Unbeschnittensein etwas, sondern der Glaube, der durch die Liebe tätig ist.

HALLELUJA MIT HALLELUJAVERSEN

Ps 84, 12   Gott der Herr ist Sonne und Schild;
der Herr gibt Gnade und Ehre.
Er wird kein Gutes mangeln lassen den Frommen.

oder

Ps 46, 2.8   Gott ist unsre Zuversicht und Stärke,
eine Hilfe in den großen Nöten, die uns getroffen haben.

Der Herr Zebaoth ist mit uns,
der Gott Jakobs ist unser Schutz.

KANTATE

1. Choral

Ein feste Burg ist unser Gott,
Ein gute Wehr und Waffen;
Er hilft uns frei aus aller Not,

Die uns itzt hat betroffen.
Der alte böse Feind,
Mit Ernst er's jetzt meint,
Groß Macht und viel List
Sein grausam Rüstung ist,
Auf Erd ist nicht seinsgleichen.

2. *Arie Bass, Choral Sopran*
Alles, was von Gott geboren,
Ist zum Siegen auserkoren.
Mit unsrer Macht ist nichts getan,
Wir sind gar bald verloren.
Es streit' vor uns der rechte Mann,
Den Gott selbst hat erkoren.
Wer bei Christi Blutpanier
In der Taufe Treu geschworen,
Siegt im Geiste für und für.
Fragst du, wer er ist?
Er heißt Jesus Christ,
Der Herre Zebaoth,
Und ist kein andrer Gott,
Das Feld muss er behalten.
Alles, was von Gott geboren,
Ist zum Siegen auserkoren

3. *Rezitativ Bass*
Erwäge doch, Kind Gottes, die so große Liebe,
Da Jesus sich
Mit seinem Blute dir verschriebe,
Womit er dich
Zum Kriege wider Satans Heer und wider Welt,
und Sünde
Geworben hat!
Gib nicht in deiner Seele
Dem Satan und den Lastern statt!
Lass nicht dein Herz,
Den Himmel Gottes auf der Erden,
Zur Wüste werden!

Bereue deine Schuld mit Schmerz,
Dass Christi Geist mit dir sich fest verbinde!

4. *Arie Sopran*
Komm in mein Herzenshaus,
Herr Jesu, mein Verlangen!
Treib Welt und Satan aus
Und lass dein Bild in mir erneuert prangen!
Weg, schnöder Sündengraus!

5. *Choral*
Und wenn die Welt voll Teufel wär
Und wollten uns verschlingen,
So fürchten wir uns nicht so sehr,
Es soll uns doch gelingen.
Der Fürst dieser Welt,
Wie saur er sich stellt,
Tut er uns doch nicht,
Das macht, er ist gericht',
Ein Wörtlein kann ihn fällen.

PREDIGT I

Liebe Gemeinde,

Man erkennt sie kaum wieder, die Melodie des Lutherliedes, die Melodie von „Ein feste Burg ist unser Gott", im ersten Satz der Bachkantate, die wir eben gehört haben. Die Melodie ist aufgebrochen, synkopiert, umspielt, mit Koloraturen verziert – und zudem wird jede einzelne Zeile der Strophe als vierstimmige Fuge durchgeführt. Hier und dort klingt die altbekannte Melodie noch an – aber dann ist sie auch schon wieder weg, untergegangen, verdeckt in den Motiven der neugestalteten Fuge. So gründlich ist die alte Melodie zum Verschwinden gebracht, dass Bach hier und dort am Ende einer Zeile die ursprüngliche Melodie noch einmal vom Kontrabass oder von der Oboe ausdrücklich spielen lässt, damit man es merkt und hört: Das war eigentlich die Melodie, die hier aufgelöst und als Fuge gesetzt ist.

Aufgelöst. Verändert. Als Fuge gestaltet. Ausgerechnet die Melodie dieser Strophe, die Melodie, die doch so gut zum Text zu passen schien, die das Feste, Unbewegliche, Unveränderliche, das Unbeholfen-Stämmige einer guten Wehr abzubilden schien – *ein feste Burg ist unser Gott.* Ausgerechnet diese Melodie variiert und umspielt, in der ältere Interpreten des Lutherliedes die Hammerschläge nachklingen hörten, mit denen Luther die 95 Thesen an die Tür der Schlosskirche in Wittenberg genagelt haben soll – am 31. Oktober 1517. Nichts mehr von dieser breitbeinigen Melodie Luthers, sondern Umspielungen, eine Fuge, was bei Luther fest steht, kommt bei Bach in Bewegung. Kommentiert Bach den Text? Ein feste Burg – die in der Vertonung ihre Festigkeit verliert? Harte, schwere Hammerschläge – die sich in der bunten Vielfalt von Takten auflösen? Trotz gegenüber dem Feind – der zerfließt in eine Folge von Fugen, in eine Fluchtbewegung?

Vielleicht ist das überinterpretiert; aber wenn Bach hier tatsächlich mit seiner Vertonung kommentiert hat, dann gegen den Text. Die Musik widerspricht dem Text, widerspricht der Selbstgewissheit der Melodie Luthers. Die Musik widerspricht. Sie lässt damit – jedenfalls für unsere Ohren heute – Erfahrungen sprechen, die uns vermutlich viel näher sind als die alte Melodie mit ihrem selbstgewissen Fußaufstampfen: Die Erfahrung, dass feste Gewissheiten, auch religiöse Gewissheiten, sich auflösen können. Dass Unerschütterliches ins Wanken geraten kann. Dass die Burg, in der Luther Schutz suchte und fand, uns nicht mehr trägt: „Wir werden gerecht aus Gnade um Christi willen durch den Glauben." Die Lehre von der Rechtfertigung, das Evangelium, das Wort, in dem Luther Zuflucht findet vor – wie er sagt – Sünde, Tod und Teufel; dies Wort in einer Formel: „Wir werden gerecht aus Gnade um Christi willen durch den Glauben." Luthers Burg.

Bachs Vertonung, in der die alte Melodie aufgelöst wird, scheint die Erfahrung widerzuspiegeln, dass diese Burg nicht hält, dass sie unkenntlich wird, dass sie für uns kein Schutz, keine Zuflucht mehr ist, sich auflöst, ihre Bedeutung verliert wie die Burgen im Neckartal – schön anzusehen, einen Besuch wert, ein touristisches Gedenken Ende Oktober zum Reformationsfest. Aber kein Ort, an dem man wohnen wollte. Kein Wort, nach dem sich ein Leben ausrichten könnte. Denn das wäre doch künstlich. Das wäre mühevolles, ängstliches Am-Leben-Halten einer vergangenen Tradition. Ein Klotz am Bein. Weit weg von unserem Leben. Kein Schutz. Eher ein Gefängnis.

„Zur Freiheit hat uns Christus befreit. So steht nun fest und lasst euch nicht wieder das Joch der Knechtschaft auflegen." Paulus im Galaterbrief. Die Worte eines Menschen, der aus zerbrochenen Gewissheiten kommt, der feste Burgen, heilige Gewissheiten hat zerbrechen sehen. Paulus, der fest stand. Der zum auserwählten geheiligten Volk gehörte. Der das ernst nahm, dieses Besonderssein, das Erwähltsein. Das Volk, das sich Gott erwählt hatte. Die Stadt Jerusalem, den Berg, den Tempel, die Burg auf diesem Berg. Paulus, der untadelig lebte als Angehöriger dieses Volkes, das zu dieser heiligen Burg auf dem heiligen Berg gehört; der lebte in den Traditionen dieses Volkes und nach dem Gesetz – und nicht wie die Heiden, die von Gott nichts wissen. Vor ihnen schützt, von ihnen trennt das Gesetz.

Diese Burg zerbricht. Sie löst sich auf, zerfällt wie die Melodie des Lutherliedes in der Durchführung Bachs. Denn der Gott, den Paulus in der Burg glaubte – heilvoll im Tempel, seinen Willen kundtuend im Gesetz – dieser Gott tritt von Außen an diese Burg heran und fragt: „Saul, Saul, warum verfolgst du mich?" In Damaskus. Alles bisherige erweist sich als falsch, wertlos, unbegründet. Gott ist nicht hier, nicht in der Burg, nicht im Tempel, spricht nicht im Gesetz – sondern ist dort, draußen vor der Burg, am Kreuz, bei dem gottverlassenen, gescheiterten Möchtegern-Messias Jesus von Nazareth.

Das Christentum beginnt nicht mit gewisser Zuversicht, sondern mit tiefer Verunsicherung. Gewissheiten über Gott lösen sich auf, wie die Luthermelodie in der Fuge Bachs, Gott ist nicht hier drin, in der Heiligkeit des Heiligtums, beim auserwählten, abgesonderten Volk, sondern da draußen, im Schmerz und Schmutz des Leidens und des Todes Jesu Christi.

Daran kann Bachs musikalischer Kommentar erinnern. Er erinnert dann zugleich daran, dass eben auch der Reformation das Zerbrechen von Gewissheiten zugrundeliegt. Am Anfang steht auch hier nicht trotzige Gewissheit, nicht die verschworene Gemeinschaft in der Wagenburg, nicht die Rechtfertigungsformel, die alle Probleme löst, sondern am Anfang steht ein zutiefst verunsicherter Mönch, der in den Formeln seiner Tradition keine Gewissheit und keinen Trost mehr findet. Denn die Institutionen, die Gewissheit der Vergebung und der Liebe Gottes vermitteln sollen, sind ihm zweifelhaft geworden. Sie haben ihre Autorität verloren – wer sagt denn, dass die geleisteten Bußwerke hinreichen? Wer sagt denn, dass die Voraussetzungen erbracht sind, die zur Hoffnung auf die Liebe und Vergebung Gottes berechtigen? Wer sagt denn, dass auf diesen oder jenen Handlungen das Wohlgefallen Gottes ruht, so dass er vergibt und den Sünder annimmt und gnädig ist? Die traditionellen Antworten der kirchlichen Tradition reichen nicht hin, sie geben bei beharrlicher Nachfrage nach, sie erweisen sich als menschliche Worte, als menschliche Werke. Die geheiligte Tradition, die heiligen und gottgefälligen Werke, der heilige Ort des Klosters gab keine Antwort, war kein Schutz, löst sich auf, ist nicht Burg, sondern Gefängnis. Gott ist anders. Und Gott ist woanders:

„Weißt du, wer der ist? Es ist der Herr Christ, der Herr Zebaoth, und ist kein andrer Gott."

Keine unerschütterliche Burg. Kein heiliger Berg und Tempel dort in Jerusalem. Kein Kloster als Bereich ungestörter Gottesnähe und eines Gott wohlgefälligen Lebens. Aber eben auch kein sorgsam von Formeln geschützter Bereich reformatorischen Bekenntnisses. Sondern „der Herr Christ". Ein sterbender Mensch am Kreuz. So ist Gott. Und da ist Gott.

Noch einmal Bach, noch einmal Bachs Kommentar zum Lutherlied. Erinnern Sie sich an die Vertonung der dritten Strophe dieses Liedes im dritten Stück? „Und wenn die Welt voll Teufel wär und wollten uns verschlingen." Das Orchester bringt diese Welt voll Teufel zu Gehör – erst fahren unisono alle Instrumente herein und dann stieben sie auseinander in wild bewegte Läufe, Tumult, Raserei, Unruhe, die Macht des Fürsten dieser Welt. Das ist das, was wir erfahren. Nicht die Geborgenheit einer Burg, sondern die Macht des Bösen. Die Krankheit, die eine gute Freundin heimgesucht hat. Zerwürfnisse mit nahestehenden Menschen, vielleicht sogar mit dem Ehepartner. Scheitern im Beruf. Schuld, die wir nicht loswerden und die uns verfolgt. Wir kommen nicht zur Ruhe, finden keinen Frieden, keine Gewissheit, die uns trägt, keinen Trost, der uns erlöst.

Und mitten in diesem Chaos: der Choral. Der Choral in seiner alten Melodie, unisono von allen Stimmen gesungen, in traumwandlerischer Ruhe und Gewissheit. Mitten im Kreuz ein anderes Wort. Eine Zusage, die der Chor verkündigt, die Zusage, dass gerade hier Gott nahe und gegenwärtig ist. Nicht dort, in einer fernen und vergangenen Burg, sondern hier. Der Choral verkündigt, dass wir hier im Leiden, in Schuld, im Tod nicht uns selbst überlassen sind, sondern dass Gott hier ist: im Kreuz des Jesus von Nazareth. Bei dem herumwandernden kranken Apostel Paulus, bei dem angefochtenen Mönch in Wittenberg. Nichts, was man sehen, erfassen, ergreifen kann, sondern nur eine Melodie, ein Text, ein Wort in der Unruhe und Angst – diese Strophe des Lutherliedes, das mitten im wildbewegten Orchesterpart, mitten im Chaos verkündet, dass dieses Chaos sein Recht verloren hat: „So stehe denn, o Seele, fest, und glaube, dass dein Haupt dich nicht verlässt."

Ein Wort, für das nichts sonst spricht – wie nichts dafür sprach, dass dieser gekreuzigte Jesus von Nazareth nicht von Gott verlassen ist. Aber ein Wort, das Hoffnung weckt, das neuen Mut gibt, das Vertrauen weckt auf den Gott, der dem Bösen nicht das letzte Wort lässt – wie Paulus schreibt: „Denn wir warten im Geist durch den Glauben auf die Gerechtigkeit, auf die man hoffen muss." Keine Gerechtigkeit, die man hat, in der Hand hält, realisiert durch Gesetzesgehorsam und dann an sich selbst feststellen kann. Nichts zum Festhalten. Sondern eine Gerechtigkeit, die von außen kommt, als Geschenk. Die man erwartet. Die Zukunft ist und aus der Zukunft kommt.

Bach kommentiert. „Der Fürst dieser Welt ... tut uns doch nicht ... ein Wörtlein kann ihn fällen." Dann schweigt der Chor. Aber das Chaos des Orchesters geht weiter, noch einmal das Hereinfahren des Unisono, noch einmal das Auseinanderfahren der Orchesterstimmen in Unruhe und Friedlosigkeit. Die Stimme der Gemeinde, der Chor, das Wort Gottes, das von dem Gott im Leiden spricht, ist verstummt. Der Fürst dieser Welt scheint das letzte Wort zu behalten. Die Nacht ist stärker als das Licht, die Vergangenheit stärker als die Zukunft, die Schuld findet keine Vergebung, die Hoffnung zerbricht. Der Chor schweigt.

KANTATE

  6. *Rezitativ Tenor*
     So stehe dann bei Christi blutgefärbten Fahne,
     O Seele, fest
     Und glaube, dass dein Haupt dich nicht verlässt,
     Ja, dass sein Sieg
     Auch dir den Weg zu deiner Krone bahne!
     Tritt freudig an den Krieg!
     Wirst du nur Gottes Wort
     So hören als bewahren,
     So wird der Feind gezwungen auszufahren,
     Dein Heiland bleibt dein Hort!

  7. *Duett Alt, Tenor*
     Wie selig sind doch die, die Gott im Munde tragen,
     Doch selger ist das Herz, das ihn im Glauben trägt!
     Es bleibet unbesiegt und kann die Feinde schlagen
     Und wird zuletzt gekrönt, wenn es den Tod erlegt.

  8. *Choral*
     Das Wort sie sollen lassen stahn
     Und kein' Dank dazu haben.

Er ist bei uns wohl auf dem Plan
Mit seinem Geist und Gaben.
Nehmen sie uns den Leib,
Gut, Ehr, Kind und Weib,
Lass fahren dahin,
Sie habens kein' Gewinn;
Das Reich muss uns doch bleiben.

PREDIGT II

„So stehe dann bei Christi blutgefärbten Fahne." So fährt die Kantate fort. Anrede an den Hörer. An uns. Anrede, Aufforderung, nicht dazu, zu kämpfen und Blut zu vergießen – sondern das Lied weiterzusingen, wenn alle anderen verstummen und der Fürst dieser Welt zu siegen scheint. Das Lied, das aus dem Vertrauen auf den Gott kommt, der nicht in Sonderwirklichkeiten lebt, sondern hier, mitten in unserem Leben, bei uns ist. Die Aufforderung, das Lied weiterzusingen, das davon spricht, dass der Fürst dieser Welt seine Macht verloren hat. Die Aufforderung, nicht in das Lied dieses Fürsten einzustimmen, sondern in das Lied des kommenden Gottes. Die Aufforderung zu leben aus der Hoffnung, dass nicht das Böse, die Schuld, der Unfrieden das letzte Wort haben, sondern der Herr Christ, der Herr Zebaoth, neben dem eben kein anderer Gott ist.

Leben im Vertrauen darauf, dass das Böse die Macht verloren hat, dass Gottes Liebe mitten im Leben uns trägt. Aus dieser Liebe heraus leben. Beispielsweise: Den kranken Mitmenschen wahrnehmen, nicht aufgeben, besuchen, trösten. Sich dem zuwenden, von dem wir entfremdet sind, der an uns schuldig geworden ist, vergeben und Vergebung suchen. Weitergeben, was uns geschenkt ist: die Hoffnung auf den Gott bei uns zu verbreiten, der nicht fern ist, der keine Bedingungen stellt, dem zu vertrauen die Kantate auffordert: „Es ist der Herr Christ – der Gott am Kreuz – der Herr Zebaoth, und ist kein andrer Gott, das Feld muss er behalten." Das weiterzugeben, aus diesem Vertrauen zu leben, ist Liebe.

„In Christus Jesus gilt weder Beschneidung noch Unbeschnittensein, sondern der Glaube, der durch die Liebe tätig ist." Amen.

GLAUBENSBEKENNTNIS LUTHERS LIED
    Wir glauben all an einen Gott (EG 183)

ABKÜNDIGUNGEN

LIED
    Ist Gott für mich, so trete gleich alles wider mich
    (EG 351, 1–3)

FÜRBITTEN

VATERUNSER

LIED Mein Herze geht in Sprüngen (EG 351, 13)

SEGEN

SCHLUSSCHORAL Wiederholung

Gottesdienstentwurf: A. D. und A. H.

Tipps von A bis Z

Anke Holfter

AUSSUCHEN

… von Kantate und Termin:

Am Anfang steht das Aussuchen von Kantate und Aufführungstag. In Alfred Dürrs schon mehrfach erwähntem Buch „Johann Sebastian Bach – Die Kantaten" sind diese nach den Sonntagen im Kirchenjahr geordnet. Wenn ein Gottesdiensttermin feststeht, kann man die für diesen Sonntag vorgesehenen Kompositionen nachschlagen oder im Umfeld des Sonntags eine andere Kantate aussuchen, die thematisch passt. Auch bei den kirchenjahreszeitlich ungebundenen Kompositionen kann man fündig werden.

Hier finden sich auch die Texte, die Besetzung und die Aufführungsdauer – alles für die Praxis von Interesse. So kann man eine Vorauswahl treffen und sich dann die Partituren ansehen.

Wenn es nur um den möglichen Termin im Kirchenjahr und das Gottesdienstthema geht, empfiehlt sich eine Veröffentlichung der Lutherischen Liturgischen Konferenz Deutschlands, „Die Kantaten Johann Sebastian Bachs im Gottesdienst", die alte und mögliche neue Zuweisungen zum Kirchenjahr für alle Kantaten auflistet (weitere und genauere Angaben siehe Literaturverzeichnis).

AUSTEILUNG DES ABENDMAHLS

Auch wenn zu Bachs Zeit der zweite Teil einer Kantate zur Austeilung des Abendmahls musiziert wurde, muss man sich heute genau überlegen, ob dies praktikabel ist:

145

Wie sind die räumlichen Möglichkeiten? Sitzen die Musiker im Altarraum? Wie ist die zeitliche Planung? Ist die Zahl der Kommunikanten einzuschätzen? Lässt sich das Abendmahl so organisieren, dass man gleichzeitig der Musik zuhören kann (leise gesprochene Entlassung usw.)?

BEARBEITUNGEN

Bach hat seine eigenen Werke immer wieder bearbeitet. Die Schübler-Choräle für Orgel zum Beispiel sind Transkriptionen von Kantatensätzen. Wenn heutzutage im Gottesdienst ein Kantatensatz erklingen soll, ohne dass ein Orchester zur Verfügung steht, könnte eine Bearbeitung für kleinere Besetzung eine Praxis im Sinne Bachs sein.

CDs

Ein entscheidender Reiz von Kantatengottesdiensten besteht im „live"-Erlebnis. Obwohl es musikalisch selten so perfekt ist wie eine CD, entfaltet es eine tiefe Wirkung bei Hörern und Musikern.

Trotzdem gibt es manchmal Bedingungen, unter denen Tonträger mit Bachkantaten eingesetzt werden können oder müssen:
– aus räumlichen Gründen, zum Beispiel in einer Krankenhauskapelle,
– wenn kein Chor oder Orchester verfügbar ist,
– wenn von einem Tag auf den anderen eine Kantate oder ein Ausschnitt gebraucht wird.

In diesen Fällen muss rechtzeitig überprüft werden, ob die raumakustischen und technischen Möglichkeiten die angemessene Wiedergabe einer CD gewährleisten.

Übrigens ist auch bei „live" aufgeführter Musik zu fragen, ob diese aufgezeichnet werden oder als einmalig in Erinnerung bleiben soll.

DORFCHÖRE

Für viele kleinere Chöre ist Bachs Musik normalerweise zu schwierig. Dennoch können sie gemeinsam mit anderen Chören z.b. eines Kirchenkreises eine leichtere Kantate aufführen, etwa im Rahmen eines zentralen Gottesdienstes. Dabei sind der musikalischen Qualität Grenzen gesetzt, aber das Erlebnis für die Sänger ist unvergleichlich.

Wichtig für das Gelingen ist, dass mindestens ein großer leistungsfähiger Chor mitsingt, zum Beispiel die Kantorei des Kreiskantors, und dass die Instrumentalisten und Solisten möglichst professionell sind.

Eine Liste von hierfür geeigneten Kantaten findet sich unten unter „Mitsingkantaten".

EINFÜHRUNGSVORTRÄGE

Es gibt vielfältige musikalische, theologische und historische Informationen zu jeder Kantate, die nicht unbedingt in einem Gottesdienst vorkommen müssen. Sie können einige Tage vor der Aufführung als Vortrag von einem Musikwissenschaftler, dem Kantor oder/und dem Prediger gehalten werden, ergänzt durch Klangbeispiele vom Klavier, Chorsängern oder einer CD.

FINANZIERUNG

Da in Gottesdiensten kein Eintritt genommen werden kann, sollte möglichst die Kollekte für die Musik verwendet werden. Darüber hinaus können Zuschüsse der Kirchenkreise und Landeskirchen beantragt werden. Meistens lassen sich lokale Sponsoren finden, die nach Wunsch auf dem Gottesdienstzettel genannt oder mit ihrem Logo abgedruckt werden. An vielen Orten gibt es kirchenmusikalische Fördervereine, die für Kantatengottesdienste leicht zu motivieren sind.

Wenn man sparen muss, kann man mit leistungsfähigen Laienmusikern arbeiten. Schlüsselpartien – Konzertmeister, Violoncello und Sänger sowie Instrumentalisten für anspruchsvolle Soli – sollten in der Regel von Berufsmusikern gespielt werden. Die Besetzungsfrage hängt vom Schwierigkeitsgrad der Kantate ab und muss vom leitenden Kirchenmusiker verantwortet werden.

GOTTESDIENSTZETTEL

Ein Gottesdienstzettel ist wünschenswert, damit der Kantatentext nachgelesen werden kann. Die Liturgie und die Gemeindechoräle sollten ebenfalls abgedruckt werden – oft reichen die Gesangbücher nicht. Der Gottesdienstzettel kann Ansagen vermeiden helfen – zum Beispiel Abkündigungen oder Hinweise zum Aufstehen oder Singen im Wechsel zwischen Chor und Gemeinde. Einige Musiker schreiben Einführungstexte zu den Kantaten auf die Gottesdienstzettel. Das kann jedoch ablenken und sollte im Idealfall den oben genannten Vorträgen überlassen bleiben. Am Schluss kann man die ausführenden Musiker nennen und den Pastor, gegebenenfalls auch Sponsoren erwähnen.

HOCHZEITSKANTATEN

Nur wenige Kantaten zur Trauung sind vollständig erhalten. Für einen Hochzeitsgottesdienst eignet sich besonders gut „Der Herr denket an uns" (BWV 196) wegen der kleinen Besetzung, überschaubarer Länge und leichter Nachvollziehbarkeit des Textes.

Letzterer besteht nur aus Versen des 115. Psalms zum Thema Segen. Daher könnte diese Kantate auch in einem Hauptgottesdienst erklingen, während zu einer Hochzeit natürlich auch jede Lob- und Dankkantate, z.B. „Jauchzet Gott in allen Landen" (BWV 51) musiziert werden kann.

INSTRUMENTE

Wer gern einen bestimmten Instrumentalisten einsetzen möchte, kann im Internet die Bachkantaten nach Instrumenten geordnet finden unter: Walter F. Bischof, The Bach Cantatas.

Jugendchor

Jugendliche sind eher über Mitmachen als über Zuhören für eine Bachkantate zu motivieren, möglicherweise auch als Verstärkung eines Erwachsenenchors.

Kinder

Kinder können selten einem ganzen Kantatengottesdienst still zuhören, interessieren sich aber für die Musiker und ihre Instrumente. Dem kann man mit einer öffentlichen Generalprobe entgegen kommen oder das Orchester am Anfang des Gottesdienstes ein Stück spielen lassen, bevor die Kinder in den Kindergottesdienst verabschiedet werden.

Ein guter Kinderchor kann den Schlusschoral oder in manchen Kantaten einen Sopranchoral mitsingen.

Leipziger Modell

Ein historischer Gottesdienst nach der Ordnung der Bachzeit kann in besonderen Situationen gefeiert werden.

Mitsingkantaten

Hier ist zu bedenken:

- Einladung zum Mitsingen oder auch zum Mitspielen?
- Schlüsselpositionen wie Konzertmeister sind vorher festgelegt.
- Spontanes Kommen oder Anmelden der Choristen?
- Werbung/Anmeldung in Kooperation mit Volkshochschule, Familienbildungsstätte etc.?
- Noten in Kommission bestellen und an die Sänger verkaufen oder verleihen
- Mitwirkung eines festen Chors zur Stabilisierung der Besetzung?
- Attraktivität für Sänger/Musiker, die für kontinuierliche Mitarbeit/Gemeindekontakt (noch) nicht zu gewinnen sind

- Gelegenheit zur Werbung für den Gemeindechor/das Gemeindeorchester
- Möglichkeit für Gemeinden ohne leistungsfähigen Chor, die aber z.B. einen schönen Kirchenraum besitzen (Leitung Kreiskantor o.ä.)

- Geeignete Kantaten:
  BWV 61 „Nun komm, der Heiden Heiland"
  BWV 62 „Nun komm, der Heiden Heiland"
  BWV 147 „Herz und Mund und Tat und Leben"
  BWV 117 „Sei Lob und Ehr dem höchsten Gut"
  BWV 99 „Was Gott tut, das ist wohlgetan"
  BWV 144 „Nimm, was dein ist, und gehe hin"
  BWV 148 „Bringet dem Herrn Ehre seines Namens"

NACHBEREITUNG

Ein reflektierendes Gespräch mit möglichst vielen Beteiligten, auch Gottesdienstbesuchern, kann den nächsten Bachkantatengottesdienst verbessern.

ÖFFENTLICHKEITSARBEIT

Für Kantatengottesdienste sollte genauso geworben werden wie für Konzerte: Presse, Plakate, Handzettel, kulturelle Webseiten und Monatsprogramme vor Ort etc. Die übliche Gottesdienstankündigung reicht nicht, da mehr und andere Zielgruppen für diese Gottesdienstform ansprechbar sind.

ORCHESTER

Bach lieben (fast) alle – vom Ärzte- bis zum Universitätsorchester. Je nach Leistungsfähigkeit ist eine Zusammenarbeit möglich.

PASSIONSZEIT

Für die Passionssonntage sind kaum Kantaten überliefert, weil Bach zu dieser Zeit in Leipzig keine Kantaten aufführen durfte.

Es gibt aber Kantaten, die sich für die Passionszeit eignen, zum Beispiel:
– „Aus der Tiefen" BWV 131
  (Psalm 130 und Choraltext – ohne Bestimmung)
– „Nach dir, Herr, verlanget mich" BWV 150
  (Psalm 25 und Dichtung – ohne Bestimmung)
– „Gottes Zeit ist die allerbeste Zeit"
  Actus tragicus BWV 106 (Sterbekantate)
– „Wo soll ich fliehen hin" BWV 5
  (Choralkantate zum 19. Sonntag nach Trinitatis)

PROJEKTCHOR

Aus besonders leistungsfähigen Sängern kann ein Projektchor für eine Kantatenaufführung gebildet werden, der musikalische

QUALITÄT

garantiert.

RAUM

Die Musiker sollten gut zu hören, aber möglichst auch zu sehen sein. Einer sichtbaren Aufführung können gerade ungeübte Hörer besser folgen. Wird der Altarraum gewählt, muss das Zusammenspiel zwischen Musik und liturgischer Handlung besonders gründlich abgesprochen werden.

Das Einziehen, Abgehen, Sitzen und Stehen vom Chor muss geplant und geübt werden, besonders, wenn die Kantate aufgeteilt wird.

„Rhythmus" des Gottesdienstes

Nicht nur für Kantatengottesdienste gilt, dass Pastor und Kirchenmusiker ein gemeinsames Gespür für zeitliche Abfolgen und die Länge von Pausen entwickeln sollten. Hier zwei erlebte Beispiele:

1. Die Kantate ist kaum verklungen – der Pastor besteigt schon während des Schlusschorals die Kanzel und beginnt im Nachhall mit der Predigt. Zu hastig!

2. Die Predigt rahmt die Kantate. Der Pastor baut im ersten Teil eine Spannung auf, die direkt zur Kantate hinführt, endet quasi mit einem Doppelpunkt. Eigentlich müsste der Kantor nur noch den Taktstock heben. Doch der erhebt sich gemächlich von der Orgelbank, geht zum Pult, schlägt die Noten auf, der Chor erhebt sich lautstark .... und die Spannung ist dahin!

Von solchen scheinbar unbedeutenden Momenten hängt für den Eindruck von Spannung und Geschlossenheit viel ab. Es lohnt sich also, sie gut zu proportionieren.

Solistische Besetzung

Etliche Kantaten können gut in solistischer Chor- oder Instrumentalbesetzung aufgeführt werden, besonders die frühen Werke, z.B. „Aus der Tiefen".

Solokantaten

Nicht nur in Gemeinden ohne Chor eine dankbare Gottesdienstmusik!

Trauergottesdienst

Für Beerdigungen kommen viele Kantatensätze in Frage. Speziell zur Trauerfeier sind von Bach nur zwei geistliche Kantaten erhalten: „Ich lasse dich nicht, du segnest mich denn" (BWV 157) mit einem barock todessehnsüchtigen

Text und der berühmte Actus tragicus (BWV 106), der in Bibelwort und Choraltext die christliche Heilsbotschaft angesichts des Todes entfaltet.

UHRZEIT

Erfolgreich praktiziert werden sowohl Gottesdienste zur regulären Vormittagszeit als auch Gottesdienste am Nachmittag oder Abend. Die späten Termine sind sängerfreundlicher und ermöglichen es Besuchern aus anderen Gemeinden zu kommen.

VORBEREITUNG

Die gute Zusammenarbeit von Pastor und Kantor ist in einem gelungenen Gottesdienst zu spüren. Für einen Kantatengottesdienst wird mehr gemeinsame Vorbereitung benötigt als sonst.

Der Pastor sollte die Musik schon vor dem Gottesdienst gut kennen (vgl. Kapitel Gottesdienstgestaltung). Vom Kirchenmusiker kann er musikalische Hinweise bekommen, die für die Auslegung interessant sein können. Umgekehrt kann der Pastor den Kirchenmusiker von der Predigtvorbereitung wissen lassen. Das vertieft das Gemeinschaftswerk und hilft, Fehlinterpretationen zu vermeiden.

WEIHNACHTSORATORIUM

Die beliebten sechs Kantaten des Weihnachtsoratoriums können in Zusammenarbeit mehrerer Gemeinden aufgeführt werden. Dabei erklingt in verschiedenen Kirchen einer Stadt jeweils eine Kantate am vorgesehenen Festtag.

ZUSAMMENARBEIT

mehrerer Gemeinden kann fruchtbar sein, um etwa eine Kantatenreihe auf mehrere Kirchen zu verteilen. Möglich ist auch die zweimalige Aufführung einer Kantate in verschiedenen

Kirchen. So wird eine Kantate in anderem Raum und mit neuer Predigt erlebt. Bachkantaten im Gottesdienst können Kreativität freisetzen für weitere Zusammenarbeit!

Literaturempfehlungen

ARNOLD, JOCHEN
Von Gott poetisch-musikalisch reden
Gottes verborgenes und offenbares Handeln
in Bachs Kantaten
Göttingen 2009

AXMACHER, ELKE
Lebenswege – Fluchtwege, Kantaten- und Liedpredig-
ten an der Universität Bielefeld
Berlin 2008
Predigten zu den Kantaten
BWV 185, 93, 64, 88, 248, 32, 58
sowie musikalische Erläuterungen zu
BWV 93, 64, 88, 58

BACHINSTITUT GÖTTINGEN UND BACH-ARCHIV LEIPZIG
Johann Sebastian Bach
Neue Ausgabe sämtlicher Werke
Kassel
Sämtliche Noten einschließlich Studienpartituren,
kritische Berichte

BARTEL, DIETRICH
Handbuch der musikalischen Figurenlehre
Laaber 1985
Überblick über rhetorische und musikalische Figurenlehren
vor allem des Barock

DÜRR, ALFRED
  Johann Sebastian Bach
  Die Kantaten
  München ⁶1995
  Standardwerk, grundlegende Kapitel zu Bachs Kantaten-
  werk, zu jeder Kantate Aufführungstag, Dauer, Besetzung,
  Text und eine kurze musikalisch-theologisch-historische
  Einführung

GLOCKZIN-BEVER, SIGRID, u.a. (Hg.)
  Bach-Kantaten predigen, Ein Marburger Experiment
  München 2007
  Predigten sowie Einführungen zu den Kantaten
  BWV 21, 126, 182, 66, 29, 39, 76, 137, 17, 148,
  70, 36

'T HART, MAARTEN
  Bach und ich
  München 2002
  Bach-Lesebuch, das den Kantaten zwei Kapitel widmet
  und ihren – kritisch betrachteten – Texten ein weiteres

LUTHERISCHE LITURGISCHE KONFERENZ
  Die Kantaten Johann Sebastian Bachs im Gottesdienst
  Stuttgart 1985
  Taschenbuch mit mehreren praktischen Registern,
  u.a. alte und neue Zuweisungen von Kantaten und
  Kantatenteilen zum Kirchenjahr, Bibelstellen-
  und Gesangbuchregister; allgemeine liturgische Hinweise
  und beispielhafte Gottesdienstentwürfe

MEYER, ULRICH
  Bach-Kantaten im Kirchenjahr
  Liturgische Ordnung und Neuzuordnung
  in: Musik und Kirche (76) 2006, S. 30 - 35

Ders.
Biblical Quotation and Allusion in the
Cantata Libretti of Johann Sebastian Bach,
London 1997

PETZOLDT, MARTIN
Theologisch-Musikwissenschaftliche Kommentierung
der geistlichen Vokalwerke Johann Sebastian Bachs,
Stuttgart
Band 1: Die geistlichen Kantaten des
1. bis 27. Trinitatis-Sonntages, 2004
Band 2: Die geistlichen Kantaten vom
1. Advent bis zum Trinitatisfest, 2007
Band 3 in Planung, darin u.a. geistliche Kantaten für
Kasualien und ohne Bestimmung

REMMERT, SÖNKE
Bibeltexte in der Musik
Ein Verzeichnis ihrer Vertonungen
Göttingen 1996
*Nachschlagewerk für musikalische Vertonungen und
Verarbeitungen von Bibelstellen, nach der Reihenfolge der
biblischen Bücher geordnet*

STEIGER, RENATE
„Kantate"
in: Theologische Realenzyklopädie Bd XVII S. 592–598

STILLER, GÜNTHER
Johann Sebastian Bach und das Leipziger
gottesdienstliche Leben seiner Zeit
Kassel 1970

WALTER, MEINRAD
Musik – Sprache des Glaubens.
Zum geistlichen Vokalwerk von Johann Sebastian Bach
Frankfurt/M. 1994

WOLFF, CHRISTOPH UND KOOPMAN, TON
  Die Welt der Bachkantaten I–III
  Stuttgart/Kassel 1996–1999

Autorinnen und Autoren

Arnold, Prof. Dr. Jochen
Pfarrer und Kirchenmusiker, Direktor „Haus für Gottesdienst und Kirchenmusik" der ev.-luth. Landeskirche Hannovers in Hildesheim

Boës, Walter
Pfarrer, Studienleiter des Morata-Hauses und Assistent im Fach Praktische Theologie an der Universität Heidelberg

Dohna, Amélie Gräfin zu
Pfarrerin in Göttingen

Fuchs, Wiltrud
Kirchenmusikdirektorin i.R. an der St. Marienkirche Osnabrück, jetzt Weimar

Goldenstein, Dr. Johannes
Pfarrer und Kirchenmusiker, Studienleiter an der evangelischen Akademie Loccum

't Hart, Maarten
Schriftsteller, Warmond bei Leiden

Holfter, Anke
Kirchenmusikerin, Stolberg/Rheinland

Löhr, Dorothee
Pfarrerin in Mannheim-Feudenberg

Meyer, Dr. Ulrich
Kirchenmusiker, Theologe, Mitbegründer der „Internationalen Arbeitsgemeinschaft für theologische Bachforschung", Hannover

Slenczka, Prof. Dr. Notger
Professor für systematische Theologie an der Humboldt-Universität Berlin

Walter, Prof. Dr. Meinrad
Theologe und Musikwissenschaftler, Lehrbeauftragter für das Fach Liturgik an der Hochschule für Musik in Freiburg